JN000223

図解で早わかり

最新 **会社の税金**

公認会計士・
税理士
武田 守 監修

本書の3大特色

実務上重要な法人税、消費税の基本事項や
計算方法を網羅的に解説。

法人事業税、青色申告、税務調査、
事業承継までわかる。

日常の経理処理や税務上の
取扱いに役立つ。
令和3年度税制改正大綱など
最新情報もフォロー。

三修社

はじめに

　私たちが令和の時代を迎えてから、1年を待たない間に誰もが予期せぬ新型コロナウイルスに見舞われ、さまざまな経済活動の縮小・中止・延期などが余儀なくされました。しかしその一方で、我が国の税制は縮小どころか、新しい制度や改正などが増えてより複雑化されています。具体的には、政府与党が公表した税制改正の予告編である「税制改正大綱」の令和3年版は、昨年度版よりもさらに10ページ程増えて約130ページとなりました。会社などを取り巻く経済の持続的な成長のため、そしてコロナ対策や地球環境問題などに対する施策を税制面からふんだんに織り込まれています。私たちは、このような問題に対処していく手段のひとつとして、税金の知識を備えておくことが重要です。

　本書は、会社が関係するさまざまな税金を説明した入門書です。具体的には、法人税や消費税を中心として、住民税及び事業税、固定資産（不動産、自動車など）の購入などで発生する税金、契約の締結やお金を受け取った際に作成する契約書や領収書で発生する印紙税、輸入の際に発生する関税、従業員に関わる所得税、さらには昨今中小企業などで深刻な問題となっている会社の後継ぎ問題（事業承継や相続）に関係する税金など、広範囲にわたり解説しています。

　また、消費税率10％やその軽減税率8％の複数税率制度が、令和元年10月に導入され実務として浸透されたことと思いますが、令和5年10月から適用されるインボイス制度（適格請求書等保存方式）による運用はこれからとなるため、その留意すべき点についても合わせて説明しています。

　本書をご活用いただき、皆様のお役に立てていただければ監修者として幸いです。

監修者　公認会計士・税理士　武田　守

CONTENTS

はじめに

PART 1　会社の税金の全体像

1　税金が必要な理由　10

2　会社にかかる国税・地方税　12

3　個人事業主と法人の税務上の違い　16

Column　税務のルール　18

PART 2　法人税のしくみ

1　法人税とは　20

2　法人税と所得税の違い　24

3　法人税の所得の計算方法　26

4　税務会計と企業会計　28

5　法人における益金　30

6　法人における損金　32

7　税務調整　34

8　法人税の課税対象と税率　36

9　税額控除　38

10　法人税と会社の利益　40

11　同族会社と法人税法上の規制　42

12 収益・費用の計上のタイミング　　　　　　　　　　44

13 益金の範囲　　　　　　　　　　　　　　　　　　46

14 損金の範囲　　　　　　　　　　　　　　　　　　48

15 売上原価とは　　　　　　　　　　　　　　　　　50

16 商品や在庫などの棚卸資産の評価方法　　　　　　52

17 有価証券の評価方法　　　　　　　　　　　　　　54

18 減価償却　　　　　　　　　　　　　　　　　　　56

19 資本的支出と修繕費　　　　　　　　　　　　　　58

20 減価償却の方法　　　　　　　　　　　　　　　　60

21 耐用年数　　　　　　　　　　　　　　　　　　　66

22 圧縮記帳　　　　　　　　　　　　　　　　　　　68

23 繰延資産　　　　　　　　　　　　　　　　　　　70

24 貸倒損失　　　　　　　　　　　　　　　　　　　72

25 引当金・準備金　　　　　　　　　　　　　　　　76

26 役員報酬・賞与・退職金の処理　　　　　　　　　82

27 寄附金　　　　　　　　　　　　　　　　　　　　84

28 交際費　　　　　　　　　　　　　　　　　　　　86

29 赤字のときの法人税の処理　　　　　　　　　　　88

Column　法人税に関する令和3年度税制改正大綱　　　90

PART 3　消費税のしくみ

1	消費税とは	92
2	消費税が課される取引と課されない取引	94
3	総額表示義務	98
4	納税事業者や課税期間	102
5	課税事業者と免税事業者	106
6	納付税額の計算方法	108
7	高額特定資産を取得した場合の特例	110
8	輸出や輸入取引の場合の取扱い	112
9	消費税額の算定	114
10	簡易課税制度	120
11	消費税法上の特例	124
12	税込経理方式と税抜経理方式の違い	128
13	インボイス制度	130
14	複数税率がある場合の税額計算の仕方	136
Column	万が一に備える中小企業倒産防止共済	142

PART 4　従業員の給与と税金

1	給与にかかる税金	144
2	給与からの控除額の計算	146
3	退職金の税務	148

4 所得税における所得 152

5 給与所得控除 154

6 所得税・住民税の源泉徴収事務 156

7 所得控除 160

8 税額控除 168

Column パートタイマーの源泉徴収 170

PART 5　その他知っておきたい！さまざまな税金

1 会社にかかる住民税 172

2 法人事業税 174

3 外形標準課税 176

4 自動車にかかる税金 178

5 不動産の取得や売却時にかかる税金 182

6 固定資産税・都市計画税 186

7 印紙税 188

8 関税 190

Column 登録免許税 192

PART 6　法人税等の申告・納税

1 申告納税制度 194

2 法人税の申告・納税 196

3 消費税の申告・納税 198

4 主な税金の申告期限と納付方法 202

5 青色申告 204

6 青色申告をするための手続き 206

7 推計課税の禁止・更正の理由の附記 208

8 特別償却・特別控除 210

9 税務調査 214

10 修正申告 218

Column 粉飾決算や帳簿操作 220

PART 7 事業承継と相続対策

1 事業承継で自社株式を引き継ぐ意味 222

2 生前贈与の活用 226

3 贈与による事業承継を行う場合の注意点 228

4 相続税の納税猶予特例 230

5 贈与税の納税猶予特例 234

6 納税資金が不足する場合の対策 236

7 相続によらない事業承継 238

PART 1

会社の税金の全体像

税金が必要な理由

税金は国の活動経費にあてられる

■ 課税の原則とは

税金は、国や地方自治体が公共サービスを提供するのに必要な経費について、国民や住民にその負担を求める金銭です。納税は国民の義務（憲法30条）のひとつですが、特に、憲法84条は、課税対象、納税義務者、課税標準、税率などの課税要件は、法律（あるいは条例）によって定めなければならないと規定しています（租税法律主義）。また、国民は、負担できる能力（担税力）に応じて税金を納め、各種の租税法律関係において平等に扱われると規定しています（課税平等主義）。租税平等主義は以下の3原則から構成されています。

① 公平の原則

担税力が高い人には税の負担も相応にし、また、担税力が同じであれば税の負担を等しくする、というのが原則です。

② 中立の原則

民間の経済活動において、税制が影響を与えることがないように種々の措置をとるという原則です。

③ 簡素の原則

納税手続がわかりやすく、費用がかからない方法で徴収できるようにするという原則です。

個人の場合、支払能力（獲得する所得）によって、所得税、贈与税や相続税などの個人に対して発生する税金は、所得などが増えれば増えるほど税率が高くなるという累進税率が採用されています。これに対して、会社は、富の格差を縮めるよりも、お金を儲けるという経済上のメリットを優先するため、基本的

税金と景気変動

税金には、景気変動を緩やかにする効果がある。税負担は、好況期には所得が増えることで増加し、不況期には所得が減ることで減少する。

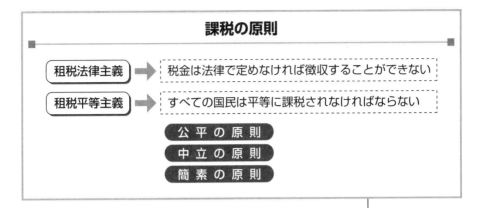

課税の原則

租税法律主義 ➡ 税金は法律で定めなければ徴収することができない

租税平等主義 ➡ すべての国民は平等に課税されなければならない

公 平 の 原 則
中 立 の 原 則
簡 素 の 原 則

には一律の税率が採用されています。

■ 租税特別措置法による経済政策

　国が経済政策などを推し進める上で、期限を限って法制化しているものに租税特別措置法があります。

　たとえば、税負担を軽くするための措置として特別償却があります。特別償却とは、通常の減価償却の他に取得価額の30%等を上乗せして償却を実施することで、初期段階での税負担の軽減を図ります。企業に法人税の繰延べ効果があることを知らせ、設備投資を促しながら、経済の活性化を図ることが目的です。また、算出された税額から一定の税額を控除して納税額を減額する税額控除なども租税特別措置法の中で適用期限を切って定めています。

■ 国内産業を保護するための役割も担う

　税金は国内産業を保護するという役割を担っています。代表的なものとして関税があります。関税は外国から原材料や製品などを輸入する際にかかる税金で、これを課することによりその分だけ輸入のコストが高くなる結果、国内産業を保護することになります。

会社にかかる国税・地方税

• •

さまざまな種類の国税・地方税がかかる税率

■ 法人税は地方法人税も含めて原則として儲けの25.59%

　会社を取り巻く税金の代表は、法人の所得（儲け）に対して課される法人税です。

　法人税の税率は、平成30年4月1日以後開始する事業年度より原則として23.2%となっており、これとは別に法人税額の10.3%の地方法人税が課せられます。つまり、地方法人税を含めると合計25.59%（23.2%＋23.2%×10.3%）になります。ただし一部の法人は、税率で優遇されています。法人税は、原則として事業年度終了の日の翌日から2か月以内に確定申告・納付しなければなりません。

■ 消費税は預かり分から支払分を差し引いて納める

　会社が消費税の課税事業者である場合には、売上などで預かった消費税から、仕入や経費で支払った消費税を引いた金額を国に納めます。消費税も、事業年度終了の日の翌日から2か月以内に確定申告・納付しなければなりません。ただし、以下の場合は、免税事業者となり、課税されません。

① 　資本金が1000万円未満の新設法人（設立から2年間）

② 　基準期間（その事業年度の前々事業年度）の課税売上高が1000万円以下である法人

③ 　前年度の上半期の売上（あるいは支払った給与等）が1000万円以下である法人

④ 　課税売上高が5億円等の大会社から過半数の出資を受けていない法人

> **地方法人税**
>
> 各都道府県間の税収のばらつきを抑えるために平成26年度税制改正で導入された国税。税率は、令和元年10月1日以降開始する事業年度より法人税額の10.3%。

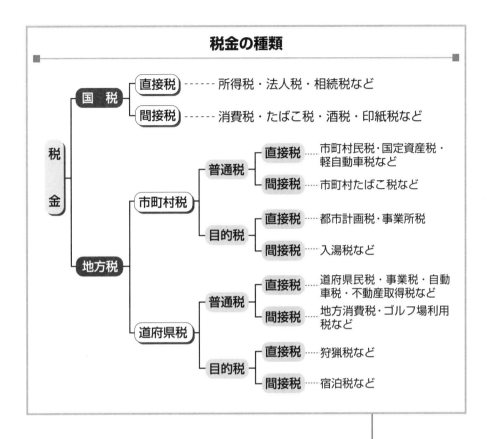

税金の種類

| | | 直接税 | ------ 所得税・法人税・相続税など |
| 国　税 | | 間接税 | ------ 消費税・たばこ税・酒税・印紙税など |

税金
- 国税
  - 直接税 ------ 所得税・法人税・相続税など
  - 間接税 ------ 消費税・たばこ税・酒税・印紙税など
- 地方税
  - 市町村税
    - 普通税
      - 直接税 …… 市町村民税・国定資産税・軽自動車税など
      - 間接税 …… 市町村たばこ税など
    - 目的税
      - 直接税 …… 都市計画税・事業所税
      - 間接税 …… 入湯税など
  - 道府県税
    - 普通税
      - 直接税 …… 道府県民税・事業税・自動車税・不動産取得税など
      - 間接税 …… 地方消費税・ゴルフ場利用税など
    - 目的税
      - 直接税 …… 狩猟税など
      - 間接税 …… 宿泊税など

　税率は、令和元年10月１日より10％（国税7.8％、地方税2.2％）となっています。ただし、一定の飲食料品と定期購読契約の新聞などについては軽減税率として８％（国税6.24％、地方税1.76％）が適用されます。

■ 源泉所得税は支払月の翌月10日までに支払う

　会社が給与を支払ったり、税理士やデザイナーなどに対する報酬を支払ったりした場合は、支払金額のうち一部を預かって、支払った月の翌月10日までに源泉所得税として納付しなければなりません。

■ 印紙税は収入印紙を購入することで支払う

　会社が、不動産などの売買・移転の契約時に不動産売買契約書などの「文書」を作成したときには、印紙税がかります。直接税務署に納めるのではなく、収入印紙を購入することによって印紙税を納めます。

　不動産売買契約書などの場合、そこに記載された取引の金額の大きさに応じて税額は変わります。また、同一文書を2通作ったときは、その両方に課税されます。

■ 登録免許税は登記の際に支払う

　会社が土地や建物を取得した場合、会社の権利を明らかにするために所有権の保存登記や移転登記をすることになります。これらの登記は、司法書士に依頼するというのが一般的なので、税金を納めるという感覚はあまりないかもしれませんが、登記の時には必ず税金を納めなければなりません。これが登録免許税（192ページ）です。

■ 法人住民税には均等割・法人税割がある

　続いて、会社が納める地方税で主なもの（法人住民税、法人事業税、固定資産税、特別徴収住民税、不動産取得税）について見ていきましょう。会社を取り巻く地方税の代表は、法人住民税です。法人住民税には、道府県民税と市町村民税があります。法人に対して課される住民税には、均等割、法人税割があります。

　均等割とは、所得の黒字、赤字を問わず資本金や従業員数などに応じて一律に課税されます。法人税割とは、法人税額を基礎として課税されます。

　これらの法人住民税は、原則として、事業年度終了の日の翌日から2か月以内に確定申告・納付しなければなりません。

■ 法人事業税は資本金等の額または所得に応じて税率が異なる

一般の会社の場合、その会社の資本金の額または法人税の所得に応じて異なる税率が適用されます。なお、外形標準課税制度（176ページ）により、赤字法人であったとしても、法人事業税を納付する必要のある企業もあります。原則として、事業年度終了の日の翌日から2か月以内に確定申告・納付しなければなりません。

■ 固定資産税は年4回納める

毎年1月1日現在で、固定資産を保有している場合には、固定資産税を払わなければなりません。土地・建物については、税額が決められて通知されますが、償却資産については、会社側で1月1日現在での所有資産を確認し、申告をしなければなりません。納期は各市町村の条例により定められていますが、一般的には6月、9月、12月、2月末の年4回です。

■ 特別徴収住民税は給与から天引きして納める

給与所得者つまり会社員の住民税は、給与支払者である会社が、その人の給与から税額を差し引いて市区町村に納めます。この方法を特別徴収といい、給与支払者を特別徴収義務者といいます。

特別徴収住民税

会社員の給与などから所得税が天引きされるのが源泉所得税であるのに対して、住民税が天引きされるのが特別徴収住民税である。個人の住民税は自分で納付する方法（普通徴収）と給与などからの天引き（特別徴収）があるが、会社員の給与に対する住民税は原則として特別徴収となる。

■ 不動産取得税の納期限は納税通知書で指定される

会社が不動産を取得した場合には、不動産取得税が課税されます。納税義務者は、土地や家屋を売買、贈与、交換、建築などによって取得した会社です。税額は、取得した日における不動産の価格に税率を掛けて求めます。不動産を取得した日から60日以内に各都道府県税事務所に不動産取得申告書を提出します。各都道府県税事務所から送付される納税通知書により指定された納期限までに納めます。

個人事業主と法人の税務上の違い

· ·

個人事業主と法人では課される税金に違いがある

■ 個人事業主は所得税、会社は法人税を納める

　個人事業主と法人では、課税される税金に違いがあります。個人事業主には所得税・住民税・個人事業税が、法人には法人税・法人住民税・法人事業税が課されます。

　所得税は、所得を10種類に分類し、その所得金額に超過累進税率または分離課税の税率を掛けて求めます。現行における超過累進税率は、5％から最大45％までです。

　法人税は、所得を分類せずその法人の所得金額に原則として23.2％の税率を掛けて求めます（地方法人税を含め25.59％）。

　次に、損失（欠損金）が出た場合の取扱いについてです。所得税及び法人税の計算上、欠損金が生じた場合にその損失を翌年（翌期）以降に繰り越すことができます。ただし、その繰越期間が両者で異なります。所得税は3年間、法人税は平成30年4月1日以後に開始する事業年度で生じた欠損金は10年間です。なお、法人の場合、資本金1億円以下の中小企業などを除き、損失を控除できるのは所得の50％までと制限されています。

　法人のうち、同族の者だけで実質的に会社の支配権を握っているものについては、会社内部に一定以上の所得を留保した場合、その超過部分の金額に対して特別税率による法人税が課されます。これを留保金課税といいます。個人事業の場合、留保金課税のような制度はありません。

　事業税について、個人事業の場合は、前年の事業所得金額から事業主控除額（290万円）を控除した金額に原則5％の税率で課されます。法人の場合は、その法人の所得（法人税の所得と

超過累進税率

所得に応じて段階的に税率が高くなる課税方法。事業所得や給与所得などメインとなる収入源に対して適用される。

分離課税

所得に一定の税率を掛ける課税方法で、資産の譲渡所得など臨時収入的な性質の所得に対して適用される。

**個人事業と法人、
税金面では
どちらが有利か**

所得税は超過累進税率だが、法人税は一律的な税率であり、最大税率は所得税の方が高い。そのため、所得が一定以上の金額になれば、個人事業から法人化した方が節税になる場合がある。また、消費税については、個人・法人を問わず、原則では前々年度の売上高が1000万円を超えた場合に課税となるが、法人を設立してから2年目までは、通常は免税となる場合が多いため、すでに個人事業者として開業している場合はこの時期に法人化をする人も多い。

個人事業主と法人の税務上の違い

	法　　人	個人事業主
税　率	法人税は所得金額の23.2%＋地方法人税（中小法人の所得800万以下の部分は原則19%＋地方法人税）	所得税は所得金額に応じて超過累進税率で5%〜45%
欠損金の繰越控除期間	10年（ただし、平成30年3月31日以前に開始した事業年度で生じた欠損金は9年）	3年
法人事業税	所得金額に課税（資本金1億円超の法人は外形標準課税）	290万円を超える所得金額がある場合に課税
留保金課税	一定の同族会社に適用あり	———

若干違う場合もあります）に応じて異なった税率で課されます。

■ 経費として認められる範囲に大きな違いがある

　たとえば接待などで交際費を支出した場合について比較してみましょう。個人事業主の場合、業務の遂行上直接必要であったことが認められるのであれば、交際費の全額を必要経費に算入することができます。一方、法人の場合、大企業（資本金1億円超）では交際費のうち、飲食費の50%（資本金100億円超の法人は、令和2年4月1日以後開始する事業年度より0%）までしか必要経費として認められていません。中小企業の場合も、一定の限度額を超えた交際費は損金算入が認められません。

　また、報酬に対する取扱いも両者では異なります。個人事業主の報酬は必要経費に算入することができません。ただし事業を手伝う家族に支払う給与について制約はありますが、必要経費（青色事業専従者給与）とすることはできます。

　一方、法人では、適当と認められる枠内であれば、経営者など役員に対して支給した給与を損金に算入することができます。

事業をやめた場合の取扱い

個人事業の場合、事業主が事業をやめれば収入が途絶えてしまう。一方、法人の場合は、退職する経営者など役員に対して役員退職金を支給することができ、その額が不相当に高額でなければ、損金に算入することができる。

損金算入の例

たとえば、事業に従事している家族を役員にすれば、家族にも役員給与を支給することができる。役員給与を支給した場合は、給与所得として所得税が課税される。

Column

税務のルール

　法人税、住民税、事業税などの税金は、会計基準とは異なり、法人税法などの法令を根拠にしてその計算方法が定められています。また、より詳細な規定として「法人税法」などの法令の他に、国税の一般法令や徴収に関する「国税通則法」「国税徴収法」、特例法としての位置付けである「租税特別措置法」、内閣や大臣が政令・省令として発する「施行令」「施行規則」、そして国税局や税務署での内部規定として法令の解釈や税務実務で運用する際に適用される「基本通達」「個別通達」など、多義にわたります。

　もちろん、税務においてはこれらの規定等を体系的に知っておいておいた方が望ましいですが、各条文などは読むだけでも難解なものが多く、また規定自体も多数に及ぶため、理解までのハードルがかなり高いというのが実情です。

　しかし、国税に関しては、国税庁のウェブサイトで公表されている「タックスアンサー（よくある税の質問）」で、法人税、所得税、相続税などの法令ごとに、税務実務でよく検討される個別論点について丁寧に説明や解説がされているため、自分が興味を持つテーマや実務に直面している箇所について読むだけでも、税務の基本的な知識をかなりカバーすることができます。また、国税不服審査所のウェブサイトでは、過去の税務調査などで争われた裁決事例が載っており、ここでは税務を理解する上での立法趣旨や法令の解釈などが載っており参考になります。

　税理士などの専門家に税務相談を行う場合であっても、これらにより基本的な知識を事前に備えておくことが重要です。そうすることで、相談依頼者と税理士との間での事実認定や税務法令のあてはめなどに関して、相互の認識の行き違いを防止することにもつながり、税務上の判断もより妥当なものへと導くことになるでしょう。

PART 2

法人税のしくみ

法人税とは

法人の所得にかかる税金である

■ どのような税金なのか

　法人税とは、株式会社などの法人が事業年度（通常は1年間）において稼いだ利益（所得）に対して課税される国税です。つまり、法人の所得（課税所得）を基準として法人に課される税金であり、広い意味での所得税の一種です。

　個人の所得に対して課される税金を所得税といい、法人の利益（所得）に対して課される税金を法人税というわけです。

■ 会社の利益にかかる税金が法人税である

　法人とは、個人以外で、法律で人格を与えられた存在です。法律が定める範囲内で1人の人間のように扱われ、会社名で契約をしたり、預金や借入れができるように、権利・義務の主体となることができます。

　法人税法上の法人は大きく分けると、内国法人（日本に本店等がある法人）と外国法人（外国に本店等がある法人）に分けられます。内国法人は、公共法人、公益法人等、協同組合等、人格のない社団等、普通法人の5つに分類されます。外国法人は、普通法人、人格のない社団等の2つに分類されます。株式会社や合同会社は普通法人に分類されます。

　ここで、内国法人における、法人税法上の各種法人について説明しておきましょう。

① 公共法人

　法人税法別表第一第1号に掲げる法人のことです。地方公共団体、日本放送協会などが該当します。国や地方公共団体の出

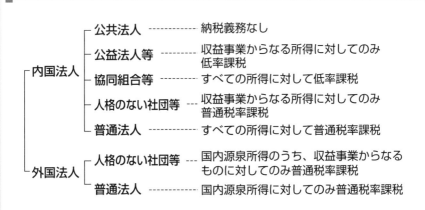

法人税法上の法人

- 内国法人
  - 公共法人 ---------- 納税義務なし
  - 公益法人等 -------- 収益事業からなる所得に対してのみ低率課税
  - 協同組合等 -------- すべての所得に対して低率課税
  - 人格のない社団等 --- 収益事業からなる所得に対してのみ普通税率課税
  - 普通法人 ---------- すべての所得に対して普通税率課税
- 外国法人
  - 人格のない社団等 --- 国内源泉所得のうち、収益事業からなるものに対してのみ普通税率課税
  - 普通法人 ---------- 国内源泉所得に対してのみ普通税率課税

資により運営されている法人になります。

② **公益法人等**

　法人税法別表第二第1号に掲げる法人のことです。宗教法人、学校法人、社会福祉法人、公益社団法人、公益財団法人、社会医療法人などが該当します。

③ **協同組合等**

　法人税法別表第三に掲げる法人のことです。農業協同組合、信用金庫などが該当します。

④ **人格のない社団等**

　法人でない社団または財団で代表者または管理人の定めがあるもののことです。ＰＴＡ、同窓会、同業者団体などが該当します。

⑤ **普通法人**

　上記①から④以外の法人のことです。株式会社、医療法人（社会医療法人を除く）などが該当します。

> **社会医療法人**
>
> 休日診察・夜間診察、離島医療、重症難病医療、高度な医療技術の研究開発など、公共性の高い医療を行う法人。

■「利益」も「所得」も内容的には同じ

　法人の利益とは、個人でいう所得税法上の「所得」にあたります。「利益」は収益から費用を差し引いて求めます。所得税法上の「所得」も収入金額から必要経費を差し引いて求めますので、「利益」も所得税法上の「所得」も内容的には同じです。法人税も基本的には会社の「利益」に対して課税されますが、正しくは、この「利益」に一定の法人税法上の調整を加えて、法人税の課税対象となる所得（所得金額）を求め、この「所得金額」に法人税が課税されることになっています。詳細については26ページで説明することとし、ここでは、法人税は「利益」に対して課税されるということにしておきます。

　したがって、欠損会社（赤字会社）には法人税はかかりません。

　ただし、法人住民税は欠損会社であっても、均等割（172ページ）といわれる定額部分が課税されます。これは、社会への参加費用のようなものです。定額部分は、資本金と従業員数によって金額が違います。東京都の場合、資本金1000万円以下で従業員が50人以下の法人の定額部分は年間7万円となっています。

　また、消費税は法人の所得とは無関係の税金ですので、欠損会社でも消費税の計算結果によっては、税額を納税しなければならない場合があります。

　なお、事業税については資本金1億円以下の法人で、法人の所得を課税標準とする欠損会社は、法人税と同様に課税されません。

　法人は、その種類によって、ⓐ納税義務の有無、ⓑ課税対象となる所得の範囲、ⓒ課税時の税率が異なります。内国法人・外国法人に共通する内容でくくると、以下のようになります。前ページの図を参照しながら理解してください。

①　公共法人の場合は、納税義務がありません。

②　公益法人等の場合は、所得のうち収益事業からなる所得に対してのみ法人税がかかります。さらに、低税率での課税と

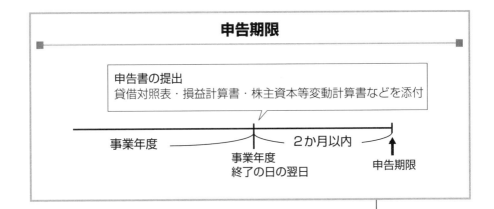

申告期限

申告書の提出
貸借対照表・損益計算書・株主資本等変動計算書などを添付

事業年度 ——— | ——— 2か月以内 ↑

事業年度
終了の日の翌日

申告期限

なります。

③ 協同組合等は、すべての所得に対して共同組合等に適用される税率で法人税がかかります。さらに、低税率での課税となります。

④ 人格のない社団等は、所得のうち収益事業からなる所得に対してのみ法人税がかかります。

⑤ 普通法人の場合は、すべての所得に対して普通税率での課税となります。

■ 法人税は会社が申告書を提出して納める

法人税は、納税義務者である法人が自ら計算を行い、申告と納税を行います。

法人は、株式会社の場合、企業会計原則等の会計基準に基づいて決算を行い、貸借対照表や損益計算書などの決算書を作成して、株主総会において承認を受けます。この損益計算書に記載されている当期利益をもとに、法人税の課税対象となる利益（所得金額）と法人税額を計算して、法人税の申告書等を作成します。法人税の申告書の提出期限は、事業年度終了の日の翌日から2か月以内です。納税も事業年度終了の日の翌日から2か月以内に行います。

法人税と所得税の違い

所得控除のようなものはなく税率も一定税率となっている

■ どのような違いがあるのか

　所得税と法人税の違いについて、比較してみましょう。

① 納税義務者

　所得税は個人、法人税は法人が納税義務者です。法人は、個人と同様、20ページで説明したように、法律によって法人格が与えられ、社会的に「人格」をもつ存在です。1人の人間のように扱われ、会社名で契約をしたり、預金や借入れができるように、法律が定めた範囲内で権利・義務の主体となることができます。むしろ、取引額は個人より法人の方がはるかに大きいのですから、税金を課されて当然だといえます。

② 課税の基準となるもの

　所得税が個人の所得に対してかかるのに対し、法人税は、会社の「利益」にかかります。法人の利益とは、個人でいう「所得」にあたります。「利益」は収益マイナス費用、「所得」も収入金額マイナス必要経費なので、「利益」も「所得」も、内容的には同じです。なお、法人税の場合、正しくは会社の「利益」に一定の調整額をプラスやマイナスをした税務調整後の金額（法人の「所得」）に対して法人税が課税されます。

③ 税額計算の対象期間

　所得税の計算の対象期間は1暦年です。1月1日から12月31日までの間に稼いだ所得に対して所得税が課され、翌年の2月16日から3月15日までの間に確定申告をしなければなりません。

　これに対し、法人税は、会社法の規定により定款で定めた1年以下の期間、つまり事業年度が計算の対象期間になります。

法人税と所得税の違い

法人税 …… 法人の所得に対して課税される税金

- ・計算対象期間は事業年度の期間
- ・一定税率
- ・申告期限は事業年度終了の日の翌日から2か月以内

所得税 …… 個人の所得に対して課税される税金

- ・計算対象期間は1暦年（1/1〜12/31）の期間
- ・超過累進税率
- ・申告期限は翌年の2月16日から3月15日

この事業年度の利益に対して法人税が課され、事業年度終了の日の翌日から2か月以内に確定申告書を提出することになります。

④ 課税方法と税率

所得税の所得は10種類に分類され、その種類ごとに所得の計算方法が異なっています。ⓐ所得の性格を考慮して各所得の合計額に対する税率によって税金計算する総合課税、ⓑ合計をせずにその所得に対する税率によって税金計算する源泉分離課税や申告分離課税といった課税方法が決まっています。

また、個人の事情を考慮して、雑損控除、医療費控除、扶養控除などの所得控除が設けられていて、最終的には課税所得金額に税率を掛けて所得税を算出します。この税率は、所得が多くなれば税率が高くなる「超過累進税率」というものになっています。

これに対して、法人税では、法人の事業活動から生じた利益をひとまとめにして課税します。所得税にあるような個人的事情を考慮する必要がないので、所得控除のようなものは設けられていません。税率も一定税率となっていて、この法人税の税率は、法人の種類や資本金の規模によって決まっています。

超過累進税率

所得税は、個人の所得金額によって5%から45%までの7段階の税率が適用される。

法人税の所得の計算方法

損益計算書をベースに所得を算出する

■ 所得金額はどうやって計算するのか

　法人税は各事業年度の所得に法人税率を掛けて算出します。法人税の対象となる課税所得とは、企業会計上の利益である「収益－費用」ではなく税法上の所得金額「益金－損金」のことです。

　法人税法では、その法人の「各事業年度の所得の金額は、その事業年度の益金の額からその事業年度の損金の額を控除した金額とする」と明記されています。「控除（引き算）した金額」が課税所得です。

　益金、損金、所得という言葉は、税金計算で使う用語です。益金とは、企業会計上の収益とほぼ同じもので、売上や雑収入などの収入のことです。収益≒益金と考えられますが、イコール（＝）ではないという点を覚えておきましょう。損金とは、企業会計の費用とほぼ同じといえますが、費用≒損金の方がより違いが大きくなっています。費用と損金の認められる範囲が違うと考えてください。所得とは、益金から損金を引いたもので、企業会計上の収益－費用、つまり利益に該当するものです。前述した法人税法の条文は、法人税は、「利益に対して課税されるのが原則」だといっているわけです。

　正確には、益金とは「収益に法人税を算出するための特別ルールで修正を加えた後の金額」、損金とは「費用に法人税を算出するための特別ルールで修正を加えた後の金額」、所得とは「利益に法人税を算出するための特別ルールで修正を加えた後の金額」となります。

会計とは
会社のお金の出入りを決められた方式で計算し、決められた形にまとめることを会計という。法人税を計算し、申告書のもとになる数字をまとめるのも会計である。

益金と損金
法人税法上に規定される調整を、各事業年度の会計上の収益と費用に対して行ったものである。

課税所得の計算方法

| 収　　益 | － | 費用・損失 | ＝ | 当 期 利 益 |
| 益　　金 | － | 損　　金 | ＝ | 課 税 所 得 |

↓ （基本的に同じなら別々に計算する必要はない）

| 当 期 利 益 | － | 申 告 調 整
（加 算・減 算） | ＝ | 課 税 所 得 |

申告調整項目 ⎰「益 金 算 入」----- 加算
「益金不算入」----- 減算
「損 金 算 入」----- 減算
「損金不算入」----- 加算

■ 法人税算出のための会計（税務会計）と企業会計

　企業に関係する会計には、法人税算出のための会計（税務会計）の他に、企業会計があります。同じ「会計」という言葉を使っていても、2つの会計の中身は違います。

　企業会計は、会社の実際の姿（業績など）をできる限り正確に表わすことを目的としています。それに対し、税務会計は、公平な課税を誰もが納得できる形で算出するのが目的になっています。したがって、会計のルールも税務会計と企業会計とでは違います。

　先ほど、益金、損金、所得の説明で出てきた収益、費用、利益とは、企業会計で使う言葉です。

　企業会計では、企業が営業活動をして得たお金を収益、そのお金を得るために使ったお金を費用、収益から費用を引いたお金を利益と呼びます。

　話を税金に戻しますと、結局、益金、損金、所得とは、企業会計上の収益、費用、利益に法人税法上の特別ルールで修正を加えて算出したものということになります。

法人税計算のための税務会計

日常的な会計処理を企業会計とすると、法人税計算のための税務会計は、その企業会計による数字を調整して計算される別物と考えるとわかりやすい。具体的には、損益計算書に記載されている当期利益に一定の調整（税務調整）を加えて、法人税の申告書の別表四という表を使って所得金額を計算する。

企業が営業活動をして得たお金

これを企業会計では、「資本取引を除いた企業活動によって得たお金」という。

税務会計と企業会計

税務会計では「税の確保」と「税の公平性」を加味する

■ 会計のルールとはどう違うのか

　企業会計は、会社の実態をできる限り正確に表わすのが目的です。したがって、企業会計のルールも会社の実態をできる限り正確に表わすために策定されています。また、株主や投資家、債権者などの利害関係者が会社の実態を評価するために必要とするデータについては、企業会計による基準で作成するのが基本です。会社の実態を正確に知りたいという場合は、企業会計のルールで作成する損益計算書や貸借対照表を参照しなければなりません。一方、税務会計は、会社の実態を知る必要があることはもちろんですが、税金を算出するために、「税収の確保」と「税の公平性」という観点も加味しなければなりません。

　会計のルールとの違いとは、税務会計には、基本中の基本である企業会計のルールの他に「税の確保」と「税の公平性」を加味する必要があるということです。つまり、税務会計とは、企業会計で算出した収益、費用、利益に「税収の確保」と「税の公平性」という面からの修正を加えることです。この修正を加えることを税務調整と呼びます。「税の確保と公平性を加えて修正する」とは、後述しますが、基本的な考え方は以下のとおりです。

① 収益、費用、利益には入れるが、益金、損金、所得から除外する修正

　以下のような観点から修正を加えます。

・社会通念上、課税になじまない支出や収入

　たとえば、公益法人の法人税は、営利活動によって得た利益

損益計算書
会社が1年間の事業活動で得たお金（収益）と支払ったお金（費用）のデータ。

貸借対照表
会社の財産をまとめたデータ。

社会通念上、課税すべき収入
企業会計では、収益に入るわけがないが、税務会計では、会社に益金が発生していると考える。

以外は課税されません。これは、公益法人が非営利を目的としている法人であるため、その儲けに課税すべきでないという配慮が理由になっています。

・政策的な理由から課税になじまない支出や収入

たとえば、社会通念上、課税すべき支出としては、オーナー企業などが役員（家族）に多額の賞与を支払った場合があります。会社の利益を個人（家族）に渡したと考えることもできるため、税法上は税務署に賞与に関する事前届出を行わない限り損金扱いできません。

② 収益、費用、利益には入れないが、益金、損金、所得には入れる修正

以下のような観点から修正を加えます。

・社会通念上、課税すべき支出や収入

たとえば、会社が役員に無償で土地などを提供した場合などがあてはまります。

・政策的な理由から課税すべき支出や収入

たとえば、欠損金の繰越控除がこれにあたります。

このように、税務会計は、国の都合が入る余地がかなりあります。企業会計のルールが厳格な経済の法則にのっとっている一方で、税務会計は、論理的には理解し難い内容も入っています。

■ 決算調整と申告調整がある

税務調整には、決算の際に調整する決算調整と、申告書の上で加減して調整する申告調整とがあります。法人税法では、その法人の「各事業年度の所得の金額は、その事業年度の益金の額からその事業年度の損金の額を控除した金額とする」と規定していますので、法人税の所得は、ゼロから「益金」と「損金」を集計するのではなく、企業会計上の確定した決算に基づく「利益」をもととし、「申告調整」を行って求めます。

政策的な理由から課税すべき支出

寄附金の一部がこれにあたる。寄附金は、社会貢献のひとつで、無償で金品を提供するものだが、損益計算書上では、全額を費用扱いされ、社会貢献という意味からも税金を掛けるべきではないとも考えられているが、税収の確保といった面から、一部しか損金扱いできない。

法人における益金

「益金」は原則として企業会計の「収益」と一致する

■ 益金とは

法人税法における「益金の額」は、原則として、「一般に公正妥当と認められる会計処理の基準」に従って計算されます。

つまり、益金の額とは、基本的には企業会計における収益の額（売上高、受取利息など）ですが、この収益の額に法人税法の目的に応じた一定の調整を加えた金額となります。

法人税法では、益金の額を以下のように規定しています。

① **資産の販売による収益の額**

商品や製品の販売による収益のことです。損益計算書では、売上高がこれに該当します。

② **有償または無償による資産の譲渡による収益の額**

固定資産（土地、建物、機械など）や有価証券の譲渡による収益のことです。損益計算書では、営業外収益や特別利益にこれらが含まれています。

③ **有償または無償による役務の提供による収益の額**

請負（建設業やソフト制作業など）、金銭や不動産の貸付による収益のことです。損益計算書では、売上高、営業外収益に含まれます。

④ **無償による資産の譲受けによる収益の額**

資産を無償で取得した（たとえば小売業者がメーカーの負担で陳列販売コーナーを設置してもらう）場合の収益のことです。

債務免除も、債務免除益として収益計上されることから、この類型に含まれます。

⑤ **その他の取引で資本等取引以外のものによる収益の額**

**収益認識に関する
会計基準**

令和3年4月1日以降開始する事業年度より「収益認識に関する会計基準」が適用されることに伴い、法人税法では新たに資産の販売等に関する収益の計上時期及び計上額を明確にする規定が設けられている。

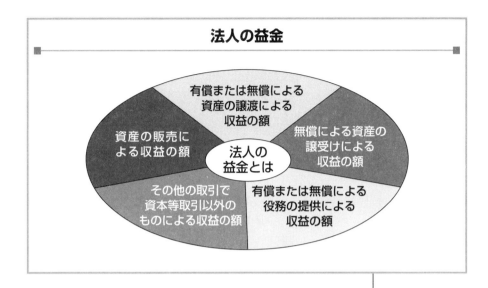

法人の益金

有償または無償による
資産の譲渡による
収益の額

無償による資産の
譲受けによる
収益の額

資産の販売に
よる収益の額

法人の
益金とは

有償または無償による
役務の提供による
収益の額

その他の取引で
資本等取引以外の
ものによる収益の額

　①から④以外の取引から生じる収益のことです。資本等取引とは、「会社の資本（株主などからの出資）の増減」や「利益（収益と費用の差引金額）の分配（配当）」のことですが、この資本等取引は、益金とは無関係です。

　無償による資産の譲渡や役務の提供を益金とするのは、法人税法独特の考え方です。

　常識的には益金と考えられませんが、いったん資産を譲渡し、その譲渡代金を相手に手渡したと考えます。つまり、いったん収益が実現してすぐに費用あるいは損失が発生したと考えるわけです。

　法人税法にこのようなルールがある理由は、益金と損金の性格を別々に考えなければならない点にあります。

　たとえば、会社がその土地を役員に贈与した場合、その受け取ったと仮定した代金は実現した収益（益金）とし、それを役員に賞与（損金）として支給したと考えます。

　このように考えることにより、実際に売却しその代金を賞与として支給した場合との課税の公平性を保つことができるのです。

法人における損金

「損金」は原則として企業会計の「費用」と一致する

■ 損金とは

法人税法における「損金の額」は、原則として、「一般に公正妥当と認められる会計処理の基準」に従って計算されます。

つまり、損金の額とは、基本的には企業会計における原価、費用、損失の額（売上原価、給与、支払利息など）ですが、この費用の額に法人税法の目的に応じた一定の調整を加えた金額となります。

法人税法では、損金の額を以下のように規定しています。

① **収益に対応する売上原価、完成工事原価などの原価の額**

棚卸資産の販売、請負などの収益の額に対応する原価を損金の額に算入します。

法人税法も、企業会計における費用収益対応の原則を求めているということです。

② **販売費、一般管理費その他の費用の額（償却費以外の費用でその事業年度末日までに債務の確定していないものを除く）**

法人税法においても企業会計同様、発生主義により計上した（支出の時点にとらわれず計上した）費用を損金の額に算入するとしています。

しかし、償却費（固定資産の費用化）を除いて債務の確定したものに限るという条件を付け加えています。これは、法人税法においては、企業会計における引当金（将来の損失に備えて、貸借対照表上に計上しておくもの）や費用の見越し計上（まだ実際に支払いが済んでいなくても、実際には費用が発生している場合、損益計算書上には計上すること）を制限するためです。

債務の確定

債務の確定として損金の額に算入するには、基本的には請求書などの一定の証憑により行うことが要求される。

法人の損金

販売費、一般管理費その他の費用の額
（償却費以外の費用で、その事業年度末日までに
債務の確定していないものを除く）

**法人の
損金とは**

**損失の額で資本等
取引以外の取引に
よるもの**

**収益に対応する売上
原価、完成工事原価
などの原価の額**

③ **損失の額で資本等取引以外の取引によるもの**

　上記①②以外の損失で資本等取引以外のものを、損金の額に含めます。資本等取引とは、「減資（株主への出資の払い戻し）」や「利益（収益と費用の差引金額）の分配（配当）」のことですが、これは損金と無関係です。

　法人税法においては、費用を計上する際には、償却費以外の費用は債務の確定しているものに限定しています。なお、債務の確定とは次の要件のすべてに該当することをいいます。

・期末までにその費用に対する債務が成立していること
・期末までにその債務に基づく具体的な給付をすべき原因となる事実が発生していること
・期末までに金額を合理的に算定できること

　企業会計においては、会社の業績を知るために適切な損益計算を行う必要があることから、費用の見越し計上や引当金の計上を積極的に行わなければなりません。一方、法人税法が債務確定基準を採用しているのは、課税の公平を図るためです。

税務調整

どのように算出されるのか抑えておく

■ 税務調整の種類

　企業会計上の利益から法人税法上の所得を導き出す税務調整には、次の4種類あります。

① 益金算入

　企業会計上の収益として計上されないが、法人税法上は益金として計上することをいいます。

益金算入の例

役員への無償譲渡の益金算入額。

② 益金不算入

　企業会計上の収益として計上されるが、法人税法上は益金として計上しないことをいいます。

益金不算入の例

受取配当金の益金不算入額。

③ 損金算入

　企業会計上の費用として計上されないが、法人税法上は損金として計上することをいいます。

損金算入の例

繰越欠損金の損金算入額。

④ 損金不算入

　企業会計上の費用として計上されるが、法人税法上は損金として計上しないことをいいます。

損金不算入の例

交際費等の損金不算入額。

　つまり、企業会計上の「利益」に、企業会計上の「収益・費用」と法人税法上の「益金・損金」の範囲の違うところを「申告調整」によってプラス・マイナスして、法人税法上の「所得」を算出するわけです。結果として、次ページ図の企業利益と課税所得のようになります。

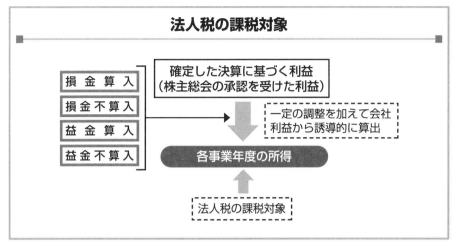

法人税の課税対象

| 損 金 算 入 |
| 損 金 不 算 入 |
| 益 金 算 入 |
| 益 金 不 算 入 |

確定した決算に基づく利益
（株主総会の承認を受けた利益）

一定の調整を加えて会社
利益から誘導的に算出

各事業年度の所得

法人税の課税対象

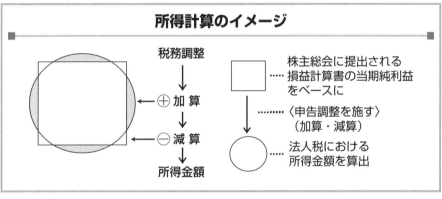

所得計算のイメージ

税務調整
↓
⊕ 加 算
↓
⊖ 減 算
↓
所得金額

株主総会に提出される
…… 損益計算書の当期純利益
をベースに

……… 〈申告調整を施す〉
（加算・減算）

法人税における
…… 所得金額を算出

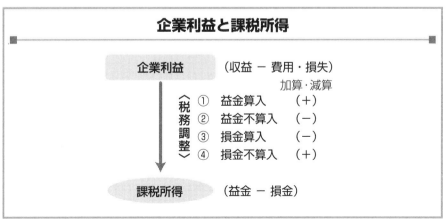

企業利益と課税所得

企業利益　（収益 − 費用・損失）

加算・減算

〈税務調整〉
① 益金算入　　（＋）
② 益金不算入　（−）
③ 損金算入　　（−）
④ 損金不算入　（＋）

課税所得　（益金 − 損金）

法人税の課税対象と税率

3つの所得等に対して課税され、中小法人については、特例として一部に軽減税率が適用される

■ どのような所得等に課税されるのか

法人税は、①各事業年度の所得に対する法人税、②各連結事業年度の連結所得に対する法人税、③退職年金等積立金に対する法人税、の3つの所得等に対して課税されます。

「各事業年度の所得に対する法人税」は、1事業年度において儲けた所得(利益)に対して課税されます。

「各連結事業年度の連結所得に対する法人税」は、連結納税制度適用法人が1連結事業年度の連結所得に対して課税されます。なお、令和4年4月1日以降開始する事業年度より新たにグループ通算制度が導入され、連結納税制度が廃止されます。

「退職年金等積立金に対する法人税」は、保険会社などが企業などから集めた退職年金等積立金に対して課税されます。

■ 法人税の税率

各事業年度の所得に対する法人税は、その事業年度の法人の所得(利益)に税率を掛けて求めることになっています。

具体的な税率は、その法人の種類と資本金の規模及び所得金額によって決められています(次ページ)。法人税の税率は、普通法人の場合一律23.2%(地方法人税を含め25.59%)です。ただし、期末資本金が1億円以下で、資本金5億円以上の大法人に完全支配されていないような中小法人については、特例として一部に軽減税率が適用されます。人格のない社団等及び公益法人などについては、他の法人と異なり、各事業年度の所得のうち収益事業から生じたものに対してのみ法人税が課税されます。

連結納税制度

100%の完全支配関係の企業グループ(親会社と子会社)の親会社が、グループ全体の法人税の計算及び申告を行う。グループ通算制度の導入に伴い、令和4年3月31日以前に開始する事業年度の適用をもって廃止される。

グループ通算制度

100%の完全支配関係の企業グループ(親会社と子会社)の各法人が、個別に法人税の計算及び申告を行って、その中で損益通算等の税金の調整を行う。令和4年4月1日以降に開始する事業年度より適用することができる。

法人税の本則税率

法人の種類	所得金額の区分		税率	
			原則	中小企業者等の特例(注)
普通法人	中小法人	年800万円以下の金額	19%	15%
		年800万円超の金額	23.2%	23.2%
	大法人	所 得 金 額	23.2%	－
協同組合等		年800万円以下の金額	19%	15%
		年800万円超の金額	19%	19%
		特定の協同組合等の年10億円超の金額	22%	22%
公益法人等		年800万円以下の金額	19%	15%
		年800万円超の金額	19%	19%
特定の医療法人		年800万円以下の金額	19%	15%
		年800万円超の金額	19%	19%
人格のない社団等		年800万円以下の金額	19%	15%
		年800万円超の金額	23.2%	23.2%

(注) 中小事業者の税率の特例は令和3年3月31日までに開始する事業年度。なお、令和3年度税制改正大綱では軽減税率の適用期限を2年延長されることが検討されている。

　中小法人等の軽減税率は、令和3年3月31日までに開始する事業年度について適用されます。なお、令和3年度税制改正大綱では、この軽減税率の適用期限が2年延長されることが検討されています。

■ 特に高い法人税率が課されることもある

　資本金1億円超の一定の同族会社が一定の限度額を超えて各事業年度の所得を留保した場合には、通常の法人税の他、その超える金額に応じた特別税率による法人税が課税されます。これは、同族会社の場合、役員が賞与や配当を受け取ると所得税や住民税がかかるため、あえて会社に利益を貯めておき、課税を免れる行為を防ぐための措置です。また、法人が支出した金銭のうち、使途のはっきりしないものは、使途秘匿金の支出額に対して40%の特別税率による法人税が課税されます。

税額控除

· ·

所得税額控除や政策目的に基づく税額控除などがある

■ 税額控除とは

　納付すべき法人税を計算する際に、法人税の課税所得金額に税率を掛けた法人税額から直接控除するものを税額控除といいます。税額控除には、以下の目的から設けられています。

① 二重課税を排除する目的から設けられているもの

・所得税額控除

　法人が支払いを受ける利子等や配当等について、所得税法の規定により源泉徴収された所得税額は、法人税の前払いとして、法人税額から控除することができます。これを所得税額控除といいます。

・外国税額控除

　日本の法人税法は、内国法人については、その所得の生じた場所が国内であるか国外であるかを問わず、すべての所得の合計額に課税することとしています。一方、その所得が生じた場所が国外である場合には、外国でも課税を受けているのが一般的です。そのため、国際的な二重課税という問題が生じます。このような国際間における二重課税を排除する目的で、外国税額控除が設けられているのです。控除できる外国税額には、限度額が設けられています。負担した外国税額のうち、この控除限度額までを納付すべき法人税から控除できるわけです。

　控除限度額は、控除前の法人税額を基礎に計算します。まず、当期の所得金額のうち国外所得金額の占める割合を算出し、この割合を法人税額に掛けたものが控除限度額です。国外所得金額は、実際には外国で課税されていない所得があれば除外しま

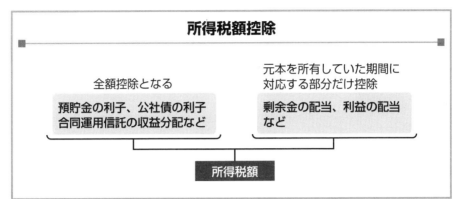

所得税額控除

全額控除となる

預貯金の利子、公社債の利子
合同運用信託の収益分配など

元本を所有していた期間に
対応する部分だけ控除

剰余金の配当、利益の配当
など

所得税額

外国税額控除（控除の対象となる外国法人税額）

負担した外国税額
（最大35%まで）

少ない方の金額を法人税額から控除

控除限度額
法人税額 × $\dfrac{国外所得（当期の所得×90\%まで）}{当期の所得（欠損金等控除前）}$

す。つまり、国外所得金額の割合が少なくなるため、控除限度額も少なくなるということです。この限度額を超えない範囲内で、外国税額控除が適用されます。

② 政策目的から設けられているもの

・租税特別措置法による税額控除

　この他、その時々の投資促進や雇用促進など政策目的のため、租税特別措置法で臨時的に税額控除を設けることがあります。税額控除は、直接納めるべき法人税額から控除できるものですから非常に有利な規定です。税制改正の際には、改正項目の中に税額控除の内容が盛り込まれているかどうか確認しておくことが大切です。

税額控除を受ける
ことができる制度

・試験研究費の特別控除
・経営改善設備の特別
　控除
・地方活力向上地域等
　において雇用者の数
　が増加した場合の特
　別控除
・復興産業集積区域等に
　おいて機械等を取得し
　た場合の税額控除
・中小企業経営強化税制
・中小企業投資促進税制
・国家戦略特別区域に
　おいて機械等を取得
　した場合の特別控除
　など

法人税と会社の利益

■ 健全経営と節税対策の両立

会社は、会計期間の間に稼いだ利益に対して法人税、法人住民税、法人事業税を納付しなければなりません。税金の納付は、原則として決算後2か月以内に行うことになります。ここで気をつけなければならないことは、納付に合わせて、税金分の現金を用意しておく必要があるということです。

法人税は、会社の確定した決算に基づく利益から計算した所得に税率を掛けて算出されますので、納税額を少なくするためには、この利益を少なくすればよいわけです。

最終的な利益が計算されるまでの過程としては、まず、売上高から売上原価を差し引いて売上総利益を求め、ここから販売費及び一般管理費を差し引いて営業利益を求めます。

さらに、この営業利益に営業外収益、営業外費用を加減算して経常利益を求め、最後に特別利益、特別損失を加減算して税引前当期純利益を求めるわけです。したがって、利益を少なくするには、各段階の収益を少なくするか、費用を多くするかのどちらかということになります。

ただ、納税額を単に少なくしたいだけのために売上を減少させたり、経費を増大させたりすると、会社自体の存続が危ぶまれる状態になってしまうのも本末転倒です。現在、どの会社においても「コスト削減」に必死で取り組んでいる中、コストを増大させるようなことを考える会社はないはずです。それよりは売上を増大させる対策を考えて、正しい納税をする方が健全な会社経営だといえます。

会計期間
会社は、通常1年間を会計期間として、その1年間の利益を計算することになっている。会計期間の始まりを期首、終わりを期末という。

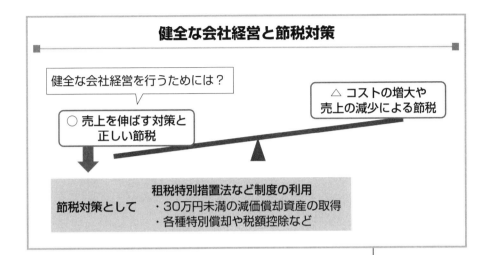

健全な会社経営と節税対策

健全な会社経営を行うためには？

○ 売上を伸ばす対策と
正しい節税

△ コストの増大や
売上の減少による節税

節税対策として
租税特別措置法など制度の利用
・30万円未満の減価償却資産の取得
・各種特別償却や税額控除など

■ 税金を減らす方法

　ムダな経費を増やすことはいけませんが、上手に税法の規定を利用して、その期間に損金にできるものは処理を行うという方法は効果的な節税対策になるはずです。具体的には、租税特別措置法で臨時的に設けられる制度などの利用です。

　たとえば、中小企業であれば現在、取得価額が30万円未満の減価償却資産（建物、機械設備など、少なくとも1年以上にわたって使用するが、年月が経過するにつれて、価値が目減りしていくもの）を取得した場合には、取得価額の全額を経費とすることが認められています（合計300万円まで）。本来であれば10万円以上の減価償却資産は資産に計上して、耐用年数の期間にわたって減価償却費を計上する（10万円以上20万円未満の減価償却資産は3年間均等償却）ものを、即時に償却できます。

　また、租税特別措置法には各種税額控除制度が規定されています。税額控除の場合には、利益を減らさなくても、経費を増やさなくても、税金だけを減らしてもらえます。設備投資等を考える際に適用対象となる資産を購入するなどの検討が、効果的な節税対策につながるはずです。

租税特別措置法

経済政策や社会政策のために特別な税のしくみ（措置）を定めたもの。政策的な効果を考えた法律で、期限を定めている。

各種税額控除制度の例

たとえば、特定の条件を満たす中小企業が、その事業基盤を強化するための一定の機械・装置や器具・備品を取得した場合、その取得価額の7％の税額控除が認められている（取得価額の30％の特別償却との選択制になっており、特別償却を選択しない場合に認められる）。
特別償却とは、特定の設備などを購入して使用した場合に、税法で定められたルールどおりに償却を行う普通償却に上乗せして償却ができる制度である。

同族会社と法人税法上の規制

恣意的な経営が行われないように同族会社の行為計算
の否認、留保金課税などの規制がある

■ 同族会社とは

　現在ある法人は、多くが同族会社です。一般に同族会社とは
オーナーが社長となっている会社のことを指しますが、法人税
法では、同族会社をより細かく定義されています。

　3人以下の会社の株主等とそれら株主等と特殊関係にある個
人・法人（株主グループ）の持つ株式総数または出資の合計額
が、その会社の発行済株式総数または出資総額の50％を超える
会社を同族会社といいます。同族会社は、少人数の株主等によ
り支配されていることから、個人的色彩が強く、恣意的な経営
が行われやすいため、次に掲げるような規制が設けられています。

■ 同族会社の行為計算の否認とは

　同族会社は、通常の法人に比べ、恣意的に課税を免れようと
する行為が行われやすい環境にあります。こうした行為のうち
多くのものには、過大な役員給与の損金不算入など、法人税法
で損金算入が認められない規定（否認規定）が設けられていま
すが、中にはそのいずれにも該当しない行為もあります。その
ような行為が、課税上弊害が生じると税務署が判断した場合に
は、法人のその行為や計算が否認されます。

　つまり、同族会社が行った行為・計算が租税回避につながる
と認められる場合には、通常の法人が行う行為・計算に引き直
して所得計算を行います。したがって、法令上や企業会計上で
有効だとしても、法人税法などの趣旨を逸脱し、課税の公平性
を不当に害される処理とみられる場合には、税務上は否認され

租税回避

主に税負担の軽減・回
避を図る目的で、通常は
考えられないような特
殊な取引を行い、租税
負担を減少させる行為。

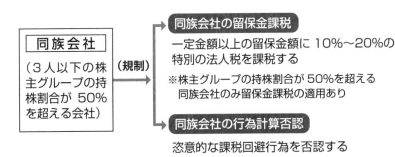

同族会社

同族会社

（3人以下の株主グループの持株割合が 50% を超える会社）

→（規制）→

同族会社の留保金課税

一定金額以上の留保金額に 10%〜20% の特別の法人税を課税する

※株主グループの持株割合が 50% を超える同族会社のみ留保金課税の適用あり

同族会社の行為計算否認

恣意的な課税回避行為を否認する

るといったケースも起こり得ます。

■ 同族会社の留保金課税とは

同族会社においては、経営者がオーナーである場合が多く、会社に利益が出てもオーナー個人の所得税等のバランスから配当に回すことを避けるため、会社に利益を留保する傾向が強くなります。つまり、利益を配当するとオーナーの所得が増え、所得税が課されてしまうので、それを避けるために利益を留保するわけです。これでは、会社員や個人事業主との課税のバランスがとれませんので、この留保金額が一定金額以上になると、通常の法人税とは別に10%から20%の特別の法人税が課税されます。これを同族会社の留保金課税といいます。

同族会社の留保金課税が課されるのは、特定同族会社（1株主グループの持株割合などが50%を超える会社のこと）が必要以上の利益を内部留保した場合です。

ただし、特定同族会社であっても、期末資本金額1億円以下で、資本金5億円以上の大法人に完全支配されていないなどの中小企業については、適用対象から除外されています。

留保

株主に対する配当などを行わずに、過去に獲得した利益を溜めておくこと。

収益・費用の計上のタイミング

発生主義の原則と実現主義の原則によって計上される

■ 発生主義の原則とはどのような考え方なのか

　会社のすべての費用及び収益は、その支出や収入に基づいて計上し、その発生した期間に正しく割り当てられるように処理しなければなりません。これが発生主義の原則と呼ばれるもので、企業会計原則に規定されています。そして、前払費用及び前受収益は、当期の損益から除き、未払費用及び未収収益は、当期の損益計算に含めなければならないとしています。

　費用には、現金の支払いとサービスの提供の時期にズレが生じることがあります。この支払日とサービスのズレが決算期をはさんでいる場合に、前払費用や未払費用が計上されます。前払費用とは、継続的に受けるサービスより前に支払いをしている場合です。たとえば、今期中に来期の分まで家賃を支払っている場合でも、来期の期間に対応する家賃は前払費用として当期の費用にはできません。未払費用とは、継続的にサービスを受けているのに支払いがなされていない場合です。この場合、未払いであっても今期中に受けたサービスに対応する費用は未払費用として当期の費用に計上しなければなりません。未収収益も前受収益も、費用の場合と同様の考え方で計上されるものです。つまり、発生主義とは、現金主義ではなく、発生という観点から費用及び収益を計上するという会計処理の考え方です。

■ 実現主義とはどのような考え方なのか

　「企業会計原則」などでは、商品等の販売は実現したものに限ると規定しています。これを実現主義の原則といいます。た

現金主義

現金の受取りや支払った時に収益や費用を計上する。

実現主義の原則

売上などの収益については、発生しているだけではダメで、実現していなければ計上できないということ。

収益・費用の計上時期

発生主義 ---- 現金主義で計上するのではなく、
発生した期間に正しく割り当てる会計処理

実現主義 ---- 収益が実現した時点で計上する会計処理

(実現の日) ┌ 物の引渡しを要するもの → 引渡しのあった日
└ 役務の提供を要するもの → 役務の提供の完了した日

引渡しのあった日 ┌ 出荷基準
├ 検収基準
├ 使用収益開始基準
└ 検診日基準
※毎期継続適用する

　とえば、物の引渡しを要するものは「引渡しのあった日」、役
務の提供を要するものは「役務の提供の完了した日」に収益の
実現があったものとして計上します。

　「引渡しのあった日」をいつの時点とするかは、商品等の性
質、取引の形態等によって違いがあり、次の①～④の計上基準
から選択し、毎期継続適用しなければなりません。ただし、令
和３年４月１日以降開始する事業年度より、新しい売上計上基
準である「収益認識に関する会計基準」が、会計監査を受けて
いない一部の中小企業を除き強制適用されます。この基準は、
顧客にとって商品などの「資産に対する支配を獲得した時」に
売上を計上すると定めているため、取引条件によっては従来の
処理方法の見直しが必要な場合があります。

① 　出荷基準（商品の出荷時）

② 　検収基準（相手方の検収時）

③ 　使用収益開始基準（相手方が使用収益することができるこ
ととなった日）

④ 　検針日基準（検針等により販売数量を確認した時）など

益金の範囲

「別段の定め」を除き、企業会計における収益が「益金」となる

■ 益金の範囲はどこまでか

　法人税法では、益金の額に算入すべき金額は、「別段の定め」があるものを除き、次に掲げる金額とすると規定しています。

① 　資産の販売による収益の額

② 　有償または無償による資産の譲渡による収益の額

③ 　有償または無償による役務（サービス）の提供による収益の額

④ 　無償による資産の譲受けによる収益の額

⑤ 　その他の取引で資本等取引以外のものによる収益の額

　つまり、「別段の定め」があるものを除き、資本等取引以外の損益取引（損益に関係する取引）から生ずる収益が益金の額になります。このように、法人税法上の益金は、「別段の定め」を除けば、企業会計上の収益と何ら変わりがありません。ここで言う資本等取引とは、会社の資本金や資本余剰金の増加が生じる取引などをいい、これらは損益取引に含めるものではないので、除外しています。

　また、法人税法は、会社の確定した決算を基礎に、課税の公平や諸政策等に基づく独自の調整項目による調整を行って、「所得金額」を計算するしくみになっています。この調整項目を税法では、「別段の定め」として規定しています。益金の額を計算する上での「別段の定め」があるものは、「益金算入」と「益金不算入」です。

　益金算入とは、企業会計上の収益として計上されていないが、法人税法上益金として計上するものです。会社更生計画に基づいて行う評価換えに伴う評価益などがあります。

益金の範囲

資産の販売による収益の額
有償または無償による資産の譲渡による収益の額
有償または無償による役務の提供による収益の額
無償による資産の譲受けによる収益の額
その他の取引で資本等取引以外のものによる収益の額

＋

別段の定め（益金算入、益金不算入）

　一方、益金不算入とは、企業会計上の収益として計上しているが、法人税法上益金としては計上しないものです。受取配当等の益金不算入、資産の評価益の益金不算入、還付金等の益金不算入などが代表的です。

　受取配当等の益金不算入は、配当の支払法人と受取法人の二重課税を避けるために設けられているものです。つまり、法人が支払う配当金については、支払法人側ですでに法人税が課税されているため、配当を受け取った法人側で益金に算入すると、配当の支払法人と受取法人の二重課税という問題が生じるわけです。

　資産の評価益の益金不算入とは、通常、法人税では資産の評価益の計上を認めないというものです。資産の評価益とは、資産の評価を見直して、帳簿価額から市場価格等に計上し直した場合に発生する収益をいいます。これは、債権者保護等の観点から会社の資本を充実させようとする会社法などの基本的な考え方に基づいています。

　還付金等の益金不算入とは、法人税・住民税の本税等は損金不算入ですので、損金に算入されない税金が還付された場合は、逆に益金に算入されないというものです。

**受取配当等の
益金不算入**

受け取った配当額等の全額が必ずしも益金不算入となるわけではなく、株式保有割合などによって不算入額が異なる。

損金の範囲

「別段の定め」を除き、企業会計における費用が「損金」である

■ 損金の範囲はどこまでか

法人税法では、損金の額に算入すべき金額は、「別段の定め」があるものを除き、次に掲げる金額とすると規定しています。

① その事業年度の売上原価、完成工事原価等の原価の額

② その事業年度の販売費、一般管理費その他の費用の額（償却費以外の費用でその事業年度終了の日までに債務の確定しないものを除く）

③ その事業年度の損失額で資本等取引以外の取引に関するもの

このように、法人税法上の損金は、「別段の定め」を除けば、企業会計上の費用や損失と何ら変わりがありません。

ここで言う資本等取引とは、会社の資本金の額の減少が生ずる取引や剰余金の分配などをいいます。簡単にいえば、会社の行う減資や利益の配当に関する取引を指します。これらは、損益取引に含めるものではありませんので、除外しているのです。

■ 損金の範囲にも「別段の定め」がある

法人税法は、会社の確定した決算を基礎に、課税の公平や諸政策等に基づく独自の調整項目による調整を行って、所得金額を計算するしくみをとっています。税法では、この調整項目を「別段の定め」として規定しています。損金の額を計算する上での「別段の定め」があるものは、損金算入と損金不算入です。

損金算入とは、企業会計上の費用として計上されていないが、法人税法上損金として計上することです。具体的には、この項目には、①国庫補助金等で取得した固定資産等の圧縮額、②災

損金の額に算入すべき金額

本文中の①は企業会計上の売上原価その他の原価の額、②は企業会計上の販売費及び一般管理費、営業活動以外で経常的に発生する営業外費用、③は企業会計上の臨時的に発生した特別損失のことである。つまり、「別段の定め」があるものを除き、資本等取引以外の損益取引から生ずる費用や損失が損金の額になる。

損金算入における別段の定め

別段の定め

損金算入 → 企業会計上の費用として計上されていないが、法人税法上損金として計上するもの

・国庫補助金等で取得した固定資産等の圧縮額
・災者により生じた損失に係る欠損金額
・収用換地処分等の特別控除

損金不算入 → 企業会計上費用として計上しているが、法人税法上損金として計上しないもの

・減価償却資産等の償却超過額
・資産の評価損（一定の場合を除く）
・寄附金等の損金算入限度超過額
・法人税、住民税、罰金等
・各種引当金の繰入限度超過額

害により生じた損失に対する欠損金額、③収用換地処分等の特別控除、④繰越欠損金などがあります。

　一方、損金不算入とは、企業会計上の費用として計上しているが、法人税法上損金としては計上しないものです。この項目には、①減価償却資産及び繰延資産の償却超過額、②資産の評価損（一定の場合を除く）、③寄附金及び交際費等の損金算入限度超過額、④法人税、住民税、罰金等、⑤引当金の繰入限度超過額、⑥役員賞与、役員報酬、役員退職金の過大支払分などがあります。

　申告調整の際、損金算入は利益から「減算」して、損金不算入は利益に「加算」して、所得金額を計算します。

　企業会計上の費用は、収益と比べて、法人の自主的な判断や見積もり等が入りやすい要素が多くあるため、その処理方法によっては費用の計上額が大きく変わります。したがって、法人税法では、税収の安定的な確保等の観点から、益金よりも損金に「別段の定め」の規定を多く設けています。

寄附金及び交際費等の損金不算入

企業会計上、交際費や寄附金の支出が費用となることについては特に問題はない。これに対して、法人税法上、交際費及び寄附金については、本来損金算入すべきでないと考え、その全部または一部が損金不算入となる制度が設けられている。

売上原価とは

■ 売上原価とは販売した商品の仕入原価の合計である

売上原価とは一会計期間の商品の売上総額に占める仕入の価格の総額のことです。一会計期間に仕入れた商品の仕入高がすべて売上原価となるのではありません。期末に残っている商品は在庫となり、商品として資産計上されますので、販売された商品に対する仕入価格の総額が売上原価となります。この関係を算式で示せば以下のとおりです。

売上原価 ＝ 期首商品棚卸高 ＋ 当期商品仕入高 －
　期末商品棚卸高（商品の数量×単価）

この算式において、期首商品棚卸高は前の期間で算出した金額を、当期商品仕入高は購買実績をもとに求めることができます。そこで、期末商品棚卸高が算出されれば一会計期間の売上原価が算出できることになります。期末商品棚卸高を算出する方法には、3通りあります。

① **継続記録による方法**

商品ごとに仕入計上の記録（数量と単価）をするとともに、出荷の時点（その商品の売上が計上されたとき）にその払出数量と金額を記録しておく方法です。

一会計期間の全商品の払出金額合計が、その会計期間の売上原価となります。個々の商品の仕入値は、一定している場合もあれば常時変動する場合もあります。出荷商品の原価を把握するためには、その商品にどの時点の仕入値をつけるかが問題と

製造業の場合の売上原価

製造業の場合の売上原価は、「期首製品棚卸高＋当期製品製造原価－期末製品棚卸高」で算定される。当期製品製造原価は、当期に発生した材料費、労務費、経費（当期総製造費用）に期首と期末の仕掛品棚卸高を加減算して求める。

売上原価の算出方法

商　品　勘　定

期首商品棚卸高	売上原価
当期商品仕入高	期末商品棚卸高

継続記録法
実地棚卸法 により把握

売上原価＝期首商品棚卸高＋当期商品仕入高－期末商品棚卸高

なります。方法としては、先入先出法・移動平均法などが一般
的に使われています。

② **実地棚卸による方法**

期間中は受払いの管理はせず、期末に実地棚卸を行い、実際
に商品を数え、それに一定の仕入値を掛けることで在庫金額を
把握します。

③ **継続記録による方法と実地棚卸による方法の併用**

実地棚卸による方法のみでは、商品のロス部分なども自動的
に売上原価に含まれてしまい、正常な売上原価との区別ができ
なくなる可能性があります。したがって、継続記録による方法と
実地棚卸を併用して、本来の在庫金額と実地棚卸高との差異を
明らかにすることにより、精度の高い在庫管理が可能となります。

なお、中小零細企業の場合、実地棚卸のみで在庫金額を把握
しているのが実情です。個々の在庫の単価は「最終仕入原価法」
といって、実地棚卸日から一番近い時点に仕入れたときの単価
を使っている場合が多く、もし実地棚卸日の直前に商品単価が
異常に変動すると、正常な仕入単価で購入した商品在庫も期末
では異常な単価で評価されてしまうという問題点があります。

商品や在庫などの棚卸資産の評価方法

棚卸資産の評価方法は原価法と低価法に大別でき、原価法は6つに区分できる

■ 棚卸資産をどう評価するか

　決算時期になると、スーパーなどで「棚卸作業のため、本日の営業時間は…」という広告を見かけます。

　棚卸の目的は、商品の在庫を調べるということと同時に、「売上原価」を確定させるという目的があります。「売上高」に対応する「売上原価」は、［期首商品棚卸高＋当期商品仕入高－期末商品棚卸高］で求めることができるので、期末商品の棚卸高をいくらにする（いくらで評価する）かによって売上原価の金額が違ってきます。売上原価が違ってくるということは、「売上総利益（粗利）」に影響を与えるということです。売上総利益（粗利）は、売上高から売上原価を差し引いて求めるからです。

　このように、期末商品の評価額によって利益が違ってきますので、税法では、この棚卸資産の評価方法の種類を定めていて、税務署にどの評価方法を採用するか届け出るようにしています。

■ 棚卸資産の評価方法はいろいろある

　税法では、棚卸資産の評価方法を「原価法」と「低価法」に大別し、さらに「原価法」を6つに区分しています。具体的には①個別法、②先入先出法、③総平均法、④移動平均法、⑤最終仕入原価法、⑥売価還元法の6つです。「低価法」とは、「原価法」により算出した取得価額と時価のいずれか低い価額をもってその評価額とする方法です。

　一方、企業会計上は、トレーディング目的で保有する場合は時価で評価し、通常の販売目的で保有する場合は取得価額と正

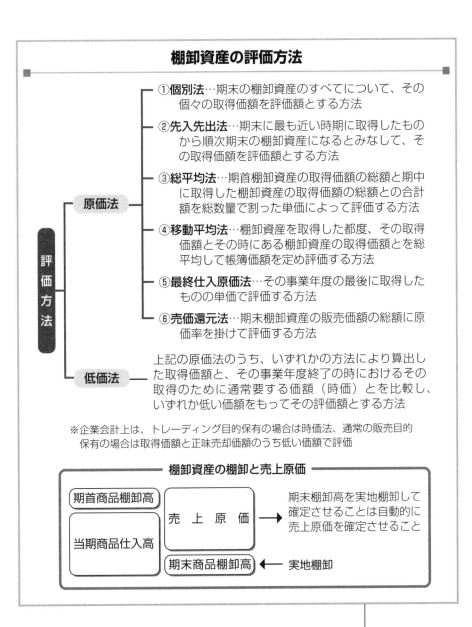

棚卸資産の評価方法

評価方法

原価法

①**個別法**…期末の棚卸資産のすべてについて、その個々の取得価額を評価額とする方法

②**先入先出法**…期末に最も近い時期に取得したものから順次期末の棚卸資産になるとみなして、その取得価額を評価額とする方法

③**総平均法**…期首棚卸資産の取得価額の総額と期中に取得した棚卸資産の取得価額の総額との合計額を総数量で割った単価によって評価する方法

④**移動平均法**…棚卸資産を取得した都度、その取得価額とその時にある棚卸資産の取得価額とを総平均して帳簿価額を定め評価する方法

⑤**最終仕入原価法**…その事業年度の最後に取得したものの単価で評価する方法

⑥**売価還元法**…期末棚卸資産の販売価額の総額に原価率を掛けて評価する方法

低価法

上記の原価法のうち、いずれかの方法により算出した取得価額と、その事業年度終了の時におけるその取得のために通常要する価額（時価）とを比較し、いずれか低い価額をもってその評価額とする方法

※企業会計上は、トレーディング目的保有の場合は時価法、通常の販売目的保有の場合は取得価額と正味売却価額のうち低い価額で評価

棚卸資産の棚卸と売上原価

期首商品棚卸高	売上原価
当期商品仕入高	
	期末商品棚卸高

期末棚卸高を実地棚卸して確定させることは自動的に売上原価を確定させること

実地棚卸

味売却価額（時価から見積追加製造原価及び見積販売直接経費を控除した額）のいずれか低い価額で評価するため、会計と税法で処理に差が生じる場合には税務調整が必要になります。

有価証券の評価方法

■ 有価証券はどのように評価されるのか

　有価証券は、法人税法上所有目的に応じて、①売買目的有価証券、②満期保有目的等有価証券、③その他有価証券の３つに区分し、所有目的ごとに評価されることになっています。

　①売買目的有価証券に該当するのは、トレーディング業務を日常的に行う専門部署が特定の取引勘定を設けて売買を行う場合の有価証券です。具体的には、主に金融機関が適用の対象となります。また、一般の事業会社が短期的な有価証券投資を活発に行い、そのことがわかる勘定科目を設けている場合も売買目的有価証券に該当します。

　②満期保有目的等有価証券には、「償還期限の定めのある有価証券のうち満期まで保有する目的で取得したもの」の他、「企業支配株式」といわれる有価証券が該当します。「企業支配株式」とは、株式会社の特殊関係者等が保有する株式のことで、発行済株式総数の20％以上を保有する場合のその株式のことをいいます。

　③その他有価証券は、売買目的有価証券にも満期保有目的等有価証券にも該当しない有価証券です。一般の事業会社において、売買目的有価証券に区分される有価証券が少ないことを考えると、多くの有価証券がこれに該当することになります。

■ 有価証券の評価方法は種類によって異なる

　売買目的有価証券の評価方法は、「時価法」（期末時点の価格による評価法）によります。満期保有目的等有価証券の評価方

取引勘定

特定の目的のために別枠を設けて資金を出し入れするための項目。

有価証券の評価方法

所有目的により評価方法が決まる

売買目的有価証券 ------------------- 時価法

満期保有目的等有価証券 ┌ 償還期限・償還金 ---- 償却
                  │ 額のある有価証券   原価法
                  │
                  └ 企業支配株式 -------- 原価法

その他の有価証券 ------------------- 原価法（※）

※企業会計上は時価法

法は、「償還期限・償還金額の定めのある有価証券」と「企業
支配株式」とでは異なっています。その評価方法は、償還期
限・償還金額の定めのある有価証券が「償却原価法」、企業支
配株式が「原価法」です。「その他有価証券」の評価は「原価
法」により行われます。なお、法人の有する有価証券のうち
「上場有価証券」について「価額の著しい低下」があった場合、
「上場有価証券以外の有価証券」について「発行法人の資産状
態が悪化したため、価額の著しい低下」があった場合には、有
価証券の評価損の損金算入が認められます。

　一方、企業会計上の有価証券の区分は、ⓐ売買目的有価証券、
ⓑ満期保有目的の債券、ⓒ子会社株式及び関連会社株式、ⓓそ
の他有価証券の４つであり、評価方法も法人税法とは若干異
なっています。たとえば、企業会計上は、その他有価証券の評
価は時価法で行い、時価と取得原価との評価差額については、
次のいずれかの方法で処理することが求められています。

・評価差額の合計額を貸借対照表の純資産に直接計上する
・時価が取得原価を上回る銘柄に対する評価差益は貸借対照表
　の純資産に直接計上し、時価が取得原価を下回る銘柄に対す
　る評価差損は損益計算書に評価損として計上する

償却原価法
額面の金額と違う価格
で取得した場合にその
差額を満期までの期間
に配分する評価法。

原価法
取得時の値段で評価す
る方法。

減価償却

その年度の損益を適正に算出するのが目的である

固定資産

建物、機械、車両運搬具など、会社が長期にわたって事業に使用する資産。

減価償却ができないもの

土地や借地権、電話加入権、書画骨董などのように、時が経過してもその価値が減少しないものについては、減価償却をすることはできない。

税法が規定する減価償却の方法

資産の種類と使用目的により、「耐用年数等に関する省令」で法定耐用年数を定めている。また、資産の種類ごとに選択できる減価償却の方法を定めることによって、課税の公平を保ち、恣意性を排除している。

■ 減価償却とは

固定資産は、時の経過や使用状況によって古くなったり、性能が落ちたりするため、徐々にその資産の価値が減少します。このような資産を減価償却資産といいます。減価償却資産には、建物や機械のような形のある資産（有形固定資産）以外にも、たとえば特許権やソフトウェアなど、形のない資産（無形固定資産）も含まれます。減価償却資産の取得価額は、その使用した全期間に獲得した収益に対応する費用と考えられることから、消耗品を購入したときのように、購入したときに全額を費用にすることは、適正な期間損益を計算する上で妥当な方法ではないとして認められていません。処理方法としては、まず、取得したときに取得価額で資産計上し、価値の減少分を一定の計算に基づき、その資産を使用する各期間に費用として配分します。この毎年費用化していく手続きが減価償却です。

減価償却費を各会社の自由にまかせると、著しく課税の不公平を生じさせることにつながりますので、税法では、減価償却の方法に一定のルールを設けています。つまり、資産の種類と使用目的により、「耐用年数等に関する省令」で法定耐用年数を定めています。

■ 定額法と定率法が最も一般的である

減価償却の方法には、定額法・定率法・生産高比例法・リース期間定額法がありますが、償却方法として一般的なのは「定額法」と「定率法」です。

減価償却とは

機械や建物などの価値は、使用または期間の経過により減少する

取得価額を購入時に費用化するのではなく、耐用年数にわたって費用化する

| 会計期間Ⅰ | 会計期間Ⅱ | 会計期間Ⅲ | 会計期間Ⅳ | 減価償却 |

機械等の取得価額

定額法は、毎年の償却費が一定となる計算方法です。償却費は、資産の取得価額を基本にして、これに償却率を掛けて計算します。ただし、平成19年3月31日以前に取得した資産の場合は、取得価額から残存価額（取得価額の10％）を控除し、償却率を掛けて計算します。定率法は、初年度の償却費が最も多く、期間の経過に従って償却費が年々逓減（減少）する方法で、取得価額からすでに償却した累計額を控除した未償却算残高に償却率を掛けて計算します。

■ 少額の減価償却資産

取得価額が10万円未満の資産や、1年未満で消耗してしまうような資産については、少額減価償却資産として、事業に使った年度の費用として全額損金に算入させることができます。

■ 税務上の特別な償却方法

法人税法上では、会計の考え方に基づいた償却方法の他に、経済対策、少子化対策など政策上の理由から、取得価額を特別に損金算入させることができる場合があります。

新たに設立した法人

その設立事業年度の確定申告書の提出期限までに選択した償却方法を税務署に届け出ることになっている。また、法人税法上平成10年4月1日以降に取得した建物については定額法を、平成28年4月1日以降に取得した建物附属設備及び構築物については定額法を適用することになっている（鉱業用については定額法と生産高比例法との選択適用）。

資本的支出と修繕費

■ 資本的支出と修繕費はどう違うのか

　建物・車両運搬具・工具器具備品等は、使用していると故障したり破損したりします。これらの症状をなるべく少なくするためには、定期的な管理あるいは改良などが必要となってきます。

　修繕費とは、今までと同様に使用するために支出する修理・維持管理・原状回復費用等をいいます。

　資本的支出とは、その資産の使用可能期間を延長させたり、またはその資産の価値を増加させたりするために支出した金額をいいます。つまり、これは修理というより改良・改装等という言葉が合うものと考えてください。

　たとえば、建物の避難階段の取付のように物理的に付加した部分にかかる金額、用途変更のための模様替えのように改装・改造に要した費用、機械の部品を取り替えることにより品質、性能をアップさせる費用などです。

　修繕費は、各事業年度において、その支出した全額を損金の額に算入します。

　資本的支出は、その支出する日の属する事業年度の所得金額の計算上、損金の額に算入することはできません。ただし、その資本的支出の金額は、固定資産計上して減価償却資産の減価償却費として損金経理（損金額への算入にあたって、あらかじめ法人の確定した決算において、費用または損失として経理を行うこと）により計算した場合には、その部分を通常の減価償却費と同様に損金の額に算入できます。

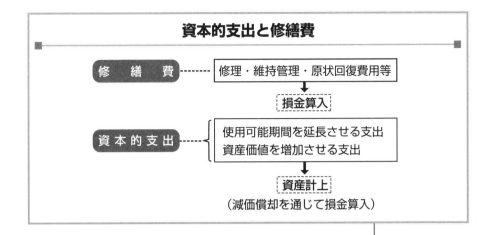

資本的支出と修繕費

修　繕　費 ┈┈┈ 修理・維持管理・原状回復費用等

↓

損金算入

資本的支出 ┈┈┈ 使用可能期間を延長させる支出
資産価値を増加させる支出

↓

資産計上
（減価償却を通じて損金算入）

■ 資本的支出と修繕費をどうやって区別するのか

実務上、その使用可能期間の延長分や資産の価値増加部分を判断することは困難な場合が多いため、次の判断基準が設けられています。

① 少額または周期の短い費用の損金算入

1つの修理、改良等が以下のどちらかに該当する場合には、その修理、改良等のために要した費用の額は、修繕費として損金経理をすることができます。

・1つの修理、改良等の費用で20万円に満たない場合

・その修理、改良等がおおむね3年以内の期間を周期として行われることが明らかである場合

② 形式基準による修繕費の判定

1つの修理、改良等のために要した費用の額のうちに資本的支出か修繕費かが明らかでない金額がある場合において、その金額が次のどちらかに該当するときは、修繕費として損金経理をすることができます。

・その金額が60万円に満たない場合

・その金額がその修理、改良等に対する固定資産の前期末における取得価額のおおむね10％相当額以下である場合

修繕費

資本的支出と修繕費いずれに区分されるかによって、課税所得が大きく変わる場合がある。修繕費が多額である場合には、税務調査などでそれが資本的支出であると指摘を受けないように、取引の都度計上区分の判断過程を明確にしておく必要がある。

減価償却の方法

· ·

定額法、定率法、生産高比例法、リース期間定額法の4種類がある

■ 減価償却の方法は法人か個人かによって異なる

　減価償却の方法は、法人と個人で違いがあります。

　個人の場合は、強制償却といって、必ず償却限度額を減価償却費として、必要経費に算入しなければなりません。

　法人の場合は、任意償却といって、計算した償却限度額以内の減価償却費の計上であれば、ゼロつまり減価償却費を計上しなくてもかまいません。ただし、今期計上しなかった不足分を翌期に計上することはできません。

■ 法人税法上の減価償却方法は4種類ある

　法人税法では、資産の種類によって、以下の4種類の償却方法を定めています。

① **定額法**

　減価償却資産の取得価額に、償却費が毎期同額となるように定められた資産の耐用年数に応じた償却率を掛けて計算した金額を、各事業年度の償却限度額とする方法です。平成19年3月31日以前に取得した資産については、償却限度額は、取得価額から残存簿価10%を控除した金額に償却率を掛けて計算します。

② **定率法**

　減価償却資産の取得価額（2年目以後は取得価額からすでに損金経理した償却累計額を控除した金額）に、償却費が毎期一定の割合で逓減するように定められた資産の耐用年数に応じた償却率を掛けて計算した金額を、各事業年度の償却限度額とする方法です。

減価償却の方法

償 却 方 法	償 却 限 度 額 の 算 式		
定額法	取得価額 × 耐用年数に応じた定額法の償却率 ※平成19年4月1日以降取得分		
定率法	（取得価額－既償却額）× 耐用年数に応じた定率法の償却率		
生産高比例法	$\dfrac{\text{取得価額－残存価額}}{\substack{\text{耐用年数と採堀予定年数のうち}\\\text{短い方の期間内の採堀予定数量}}}$ × 採堀数量		
リース期間定額法	$\left(\substack{\text{リース資産}\\\text{の取得価額}}-\substack{\text{残価}\\\text{保証額}}\right)\times\dfrac{\text{当該事業年度のリース期間の月数}}{\text{リース期間の月数}}$		

　なお、平成19年4月1日以降平成24年3月31日までに取得した場合は「250％定率法」、平成24年4月1日以降に取得した場合は「200％定率法」という方法によって減価償却を行います。「○％定率法」とは、定額法の償却率の○％を定率法の償却率として使用するという意味です。たとえば、耐用年数が10年の定額法の償却率は0.1ですが、200％定率法の場合には0.2（0.1×200％）を使用することになります。さらに、その期の償却額が償却保証額（取得価額×保証率）を下回ってしまう場合には、その償却額は使用せずに、下回ったその期の期首の未償却残高を取得原価と見立てて、改訂償却率を使用して、定額法と同様の計算方法によってその期以降の減価償却費を算定します。

③　生産高比例法

　鉱業用の減価償却資産と鉱業権についてだけ認められている方法で、その事業年度の採掘量を基準として償却限度額を計算する方法です。

④　リース期間定額法

　リース期間を償却年数として、リース資産の取得価額から残

会計上の
減価償却の方法

会計上の減価償却方法には定額法、定率法、級数法、生産高比例法などがあるが、実務上は税務と同様の方法を適用している場合が多い。

価保証額を控除した残額をリース期間で各期に均等に償却する
方法です。

■ 損金経理要件を満たさなければ損金に算入されない

損金経理の要件

企業会計で費用または
損失として計上してい
ないものは、法人税法
上も損金算入できない
というルール。つまり、
損金として認めてもら
うためには、企業会計
上の決算の際に必ず費
用計上している必要が
ある。ある特定の支出
に関して適用が義務付
けられている。企業の
意図的な税金調整を防
ぐのが目的である。

　法人税法上、減価償却費として各事業年度の所得金額の計算
上、損金の額に算入される金額は、確定した決算において減価
償却費として損金経理をした金額のうち償却限度額に達するま
での金額とされています。

　減価償却費の他には、たとえば、役員退職金、資産の評価損
などに関しても、決算で費用または損失計上していなかった場
合には、法人税の申告の際に申告調整（企業会計を、税金を計
算するための会計に修正する際に損金に入れる行為）しても認
められません。損金経理を適用される費用項目は、上記の他に
もあり、いずれも、税法で具体的に定められています。

　一方、税法上、損金経理の適用を義務付けられていない支出
に関しては、法的に債務が確定していれば、決算で費用計上し
ていなくても、申告調整によって損金算入が認められます。つ
まり、税法で損金経理の適用を義務付けられていない支出の場
合は、何もしなくても、法的にはすでに損金として認められて
いるということです。

■ リース取引の取扱い

　リース取引とは、法人税法上以下の①②の要件を満たすもの
をいいます。

① 　リース期間中の中途解約が禁止である、または中途解約を
　　した場合の未経過期間リース料のおおむね全部（90％以上）
　　を支払うものである

② 　賃借人がリース資産からの経済的な利益を受けることがで
　　き、かつ、資産の使用に伴って生ずる費用を実質的に負担す
　　べきとされている

減価償却資産の例

有形固定資産
- ❶ 建物及びその附属設備
- ❷ 構築物
- ❸ 機械及び装置
- ❹ 船舶
- ❺ 航空機
- ❻ 車両及び運搬具
- ❼ 工具、器具及び備品

無形固定資産
- ❶ 特許権
- ❷ 実用新案権
- ❸ 意匠権
- ❹ 商標権
- ❺ ソフトウェア
- ❻ 営業権（のれん）

　このようなリース契約を締結した場合、法人税法上は売買処理として取り扱われます。資産を購入するということは、その取得原価に対して減価償却を行うことになるわけですが、この時に用いられる計算方法は、そのリース資産の所有権が最終的に賃貸人のものになるのかどうかで異なります。償却額は、所有権移転リース取引の場合、その資産に応じて定額法、定率法、生産高比例法を用いて計算します。所有権移転外リース取引の場合、リース期間定額法を用いて計算します。

　次に、所有権が移転するのかどうかの判定方法ですが、以下の@〜@のいずれかに該当する場合は所有権移転リース、いずれにも該当しない場合は、所有権移転外リースです。

@　リース期間終了時または期間の中途において、リース資産が無償または名目的な対価で賃借人に譲渡される

@　賃借人に対し、リース期間終了時またはリース期間の中途において、リース資産を著しく有利な価額で買い取る権利が与えられる

@　リース資産の種類、用途、設置の状況から、その賃借人のみに使用されると見込まれるものまたはその資産の識別が困

難であると認められるもの

ⓓ　リース期間が、リース資産の耐用年数と比較して相当短い
もの（耐用年数の70％を下回るなど）

　所有権移転外リースに該当する場合、特別償却など一定の制度の適用が受けられないので、注意が必要です。

　なお、税務上のリース取引と近似するのが会計上のファイナンス・リース取引です。これは、リース期間で中途解約できないまたはこれに準ずるリース取引で、借り手がリース物件からもたらされる経済的利益を実質的に享受することができ、かつ当該リース物件の使用に伴って生じるコストを実質的に負担するリース取引をいいます。

■ 特別償却と割増償却

　法人税では、一般的な減価償却の方法以外にも、特別償却、割増償却という方法が認められる場合があります。いずれも会計上の根拠はなく、設備投資を促すなど政策上の目的で特別に認められた償却方法です。現在適用のある特別償却や割増償却の制度はさまざまですが、いずれも通常の減価償却費より多めに損金算入することができ、適用した法人の納める税金が設備投資の初期段階で少なくなるようなしくみになっています。

　特別償却とは、一般的な減価償却方法に加えて一定の償却費を特別に損金算入できる方法をいいます。

　税額控除については168ページで説明しますが、主に中小企業の設備投資を後押しするための制度だといえます。

　割増償却とは、通常の計算方法による減価償却額に一定率を掛けた額を加算して割増で損金に算入できる方法をいいます。

　これらの制度を利用すると、税制面でも非常に有利になります。手続上、添付書類や証明書を準備する必要がある場合もありますので、新しい資産を取得した際には、該当する制度はないか確認しておくとよいでしょう。

ファイナンス・リース取引

「経済的利益を実質的に享受」でき、かつ「コストを実質的に負担」するとは、リース物件の使用に伴って発生するすべてのコスト（取得価額相当額、維持管理費用、保険料等）をリース料として負担する（フルペイアウト）ということを意味する。それに加えて、中途解約ができない（ノンキャンセラブル）という2つの要件を満たしたリース取引がファイナンス・リース取引である。

特別償却及び税額控除の具体例

中小企業投資促進税制がある。これは、中小企業が一定要件を満たす設備投資を行った場合に、税制面での優遇措置を受けることができるという制度である。優遇措置としては、特別償却または税額控除のいずれかを選択するという方法で行われる。特別償却を選択した場合、資産を取得した年に全額損金算入をすることができる。また、税額控除を選択した場合、取得した資産の7％または10％の税額控除ができる。

■ 中小企業者の特例

　中小企業者には、減価償却に関する特例が設けられています。取得価格が30万円未満の減価償却が必要な資産（建物、機械設備など、少なくとも1年以上にわたって使用するが、年月が経過するにつれて、価値が目減りしていくもの）を取得した場合には、取得価格の全額を経費として扱うことができます。これを少額減価償却資産といいます。ただし、経費扱いできる合計金額には上限があり、300万円までです。たとえば25万円の備品を12個購入した場合、全額損金算入できるというわけです。ただし、27万円の備品を12個購入した場合、合計で324万円となるわけですが、11個分297万円が損金算入の限度額となります。したがって、12個目のうち3万円だけ、などというような部分的な適用を行うことはできません。

　なお、当期が1年に満たない場合、300万円のうち12分の月数が限度額となります。

　特例の対象となる中小企業者とは、青色申告書を提出する資本金1億円以下で従業員数が500人以下の法人で、資本金1億円超の大規模法人に発行済株式の50％以上保有されていないなど、一定要件を満たす法人をいいます。

　この制度は、令和4年3月31日までに事業に使用した資産に適用されます。

■ 一括償却資産

　一括償却とは、取得価額が20万円未満の事業用資産をすべて合算して、償却期間36か月で損金に算入していくことをいいます。要するに、取得価額総額の3分の1ずつを毎年均等に費用化していくということです。一括償却の対象となる資産を一括償却資産といいます。一括償却は、青色申告書を提出していない場合にも適用できます。

耐用年数

固定資産の種類、用途、細目ごとに決められている

■ 法定耐用年数とは

耐用年数とは、資産が使用（事業の用に供する）できる期間のことです。物理的な面、機能的な面などを考慮して定められます。本来、固定資産は、同種のものであっても、操業度の大小、技術水準、修繕維持の程度、経営立地条件の相違などにより耐用年数も異なるはずです。しかし、そうした実質的な判断を認めると、会社の都合で勝手に決めることを認めることにもつながりかねません。これでは、税の公平という観点から好ましくありません。

そこで、税法では、原則として、個々の資産の置かれた特殊条件にかかわりなく、画一的に定めた耐用年数にすることになっています。これを法定耐用年数といいます。税務上の法定耐用年数は、「減価償却資産の耐用年数等に関する省令」（一般に「耐用年数省令」といいます）で詳細に定められています。

ただし、稼働状況により、実際の使用期間が法定耐用年数より10％以上短くなる場合には、納税地の所轄国税局長の承認を受けて、耐用年数を短縮することが認められています。

■ 中古資産の耐用年数はどうやって計算するのか

中古資産を取得して事業に使った場合、その資産の耐用年数は、法定耐用年数ではなく、その事業に使った時以後の使用可能期間として見積もることのできる年数にします。また、使用可能期間の見積りが困難であるときは、以下の簡便法により算定した年数にすることができます。

**会計上使用すべき
耐用年数**

会計上は、あくまで企業がその使用する固定資産の経済的耐用年数を見積もって減価償却を行うことが原則になっているが、企業の状況に照らし、経済的実態等を踏まえて不合理と認められる事情のない限り、税法上の耐用年数を使用することが認められている。

耐用年数

法定耐用年数 → 固定資産の種類・用途・細目ごとに画一的に定めた耐用年数

↓

課税の公平化の観点から恣意性を排除するもの

税務上の法定耐用年数は「耐用年数省令」で詳細に定めている

① **法定耐用年数の全部を経過した資産**

　その法定耐用年数の20％に相当する年数を耐用年数とします。

② **法定耐用年数の一部を経過した資産**

　その法定耐用年数から経過した年数を差し引いた年数に経過年数の20％に相当する年数を加えた年数を耐用年数とします。

　これらの計算により算出した年数に１年未満の端数があるときは、その端数を切り捨て、その年数が２年に満たない場合には２年とします。次に、具体的な計算例で説明します。３年８か月使用済みの普通車を中古で購入したとします。

　新品の普通自動車耐用年数：６年のため、②の耐用年数の一部を経過した資産に該当します。年数を月数に直して計算式にあてはめると、

　（新品の耐用年数72か月－経過期間44か月）＋（経過期間44か月×20％）＝36.8か月⇒３年0.8か月

　算出した年数に１年未満の端数があるため、切り捨てて、耐用年数は３年となります。また、その中古資産の再取得価額の100分の50に相当する金額を超える改良を行った場合など、一定の場合には耐用年数の見積りをすることはできず、法定耐用年数を適用することになります。再取得価額とは、中古資産と同じ新品のものを取得する場合の価額のことです。

圧縮記帳

・・

帳簿価額を利益分だけ下げる処理方法である

■ 圧縮記帳とは「課税の延期制度」である

　圧縮記帳とは、固定資産の帳簿価額を切り下げ、課税所得を小さくする方法です。圧縮記帳は、法人税法で規定しているものと、租税特別措置法で規定しているものがあります。

　代表的なものとしては、法人税法では、①国庫補助金や保険金等で固定資産等を取得した場合、②不動産の交換により一定の固定資産等を取得した場合の圧縮記帳があり、租税特別措置法では、①収用等により資産を取得した場合、②特定資産の買換え等により資産を取得した場合の圧縮記帳があります。

　たとえば、国や地方自治体から国庫補助金等をもらって、機械を購入したとします。国庫補助金が500万で、機械の取得価額が600万円、この場合、受給した国庫補助金500万円は会社の収益に計上され、税金が課税されます。一方、機械の取得価額600万円は固定資産に計上され、耐用年数に応じて毎期減価償却費が計上されます。国などが補助金を支給するということは、その対象となる設備投資等を国などが将来期待できるものと判断しているからです。

　このような目的があるにもかかわらず、その補助金に税金が課税されてしまったらどうなるのでしょうか。法人税や住民税、事業税などで補助金の約30％は税金で減ってしまうので、これでは機械の購入が困難になってしまいます。

　そこで考えられたのが圧縮記帳です。圧縮記帳によれば、この例でいうと、600万円で取得した機械の価格を500万円圧縮することができ、機械の帳簿価額は100万円になるということで

圧縮記帳と積立金

圧縮記帳は、厳密には受け取った補助金等を固定資産の取得価額から直接減額させる方法（直接減額方式）と、補助金等を固定資産の取得価額から控除せずに貸借対照表の純資産の任意積立金として処理する方法（積立金方式）があり、いずれを選択しても税金計算の結果は同じになる。会計上はいずれの方法も認められているが、固定資産の取得価額を実際の現金の支出額によって表現することができる積立金方式の方が望ましいとされている。

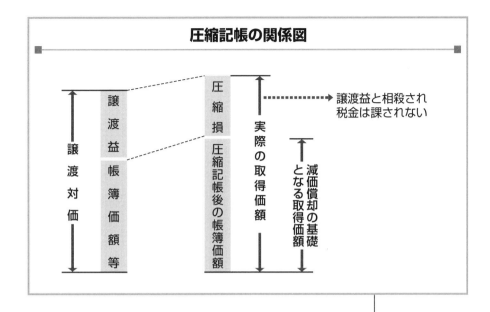

圧縮記帳の関係図

譲渡益と相殺され
税金は課されない

す。補助金の額500万円相当額を圧縮損として損金に計上し、同額を機械の取得価額から控除するわけです。

このように圧縮記帳とは、会社の利益を減らし税金を軽減する有利な制度です。これ以外の圧縮記帳も考え方はすべて同じです。

ただし、圧縮記帳によった場合は、一時的に税金は軽減されますが、いずれその軽減された税金分は取り戻されることになります。なぜなら、圧縮記帳により機械の簿価は100万円に下がっているため、毎期計上される減価償却費は600万円のときと比べて少なくなります。ということは、利益が多くなり、結果として税金も多くなるわけです。このため圧縮記帳は、課税が免除されたのではなく、長期的には圧縮記帳を行う場合とそうでない場合での課税に与える影響額を合計すると変わらないため、単に「課税の延期」をしてもらえる制度ということができます。

また、途中で売却したときも、簿価が圧縮されている分、売却益が多くなり、税金も多くなる結果となります。

繰延資産

・・・

支出の効果が1年以上に及ぶものを繰延資産という

■ 次期以後の期間に配分して処理される

　繰延資産とは、法人が支出する費用のうち、その支出の効果が1年以上に及ぶもの（資産の取得費用及び前払費用を除く）をいいます。繰延資産は、減価償却資産のようにいったん資産計上し、その支出の効果が及ぶ期間にわたり、償却費として必要経費に算入します。なお、残存価額はありません。

　繰延資産は、将来の期間に影響する特定の費用であって、次期以後の期間に配分して処理するため、便宜的に貸借対照表の「資産の部」に記載されます。

　「将来の期間に影響する特定の費用」とは、すでに代価の支払が完了し、あるいは支払義務が確定し、これに対応する役務の提供を受けたにもかかわらず、その効果が将来にわたって現れるものと期待される費用のことです。

■ 企業会計上の繰延資産と税法上特有の繰延資産がある

　繰延資産は「資産」ですが、換金性のある財産ではありません。会社法では、このような無価値な資産の計上は、債権者保護の見地から基本的に認めていません。そこで、企業会計上は、創立費、開業費、開発費、株式交付費（新株発行費）、社債発行費等の5つを限定列挙する形で、繰延資産として認めています。企業会計上では、会計処理は原則任意（資産計上してもよいし、支出した期に全額を費用として処理してもよい）とし、資産計上したときは、比較的短期間（最長3～5年。社債発行費は償還期間）での償却を求めています。

会計上の繰延資産
会計上、一定の要件で計上が認められている繰延資産は、換金性がなく、一般的に積極的な資産性があるという根拠に乏しい。株式上場準備を行う会社の場合において、証券会社による上場審査などでは事実上繰延資産の計上が認められていない。

法人税法上の繰延資産

会社法上の繰延資産	・創立費・開業費・開発費・株式交付費 ・社債発行費等
法人税法特有の繰延資産	・自己が便益を受ける公共的施設または 　共同的施設の設置または改良のための費用 ・資産を賃借しまたは使用するための費用 ・役務の提供を受けるための費用 ・広告宣伝用資産の贈与のための費用 ・その他自己が便益を受けるための費用

　一方、法人税法による繰延資産は、大別して次の2つからなります。1つは、「企業会計上の繰延資産」であり、もう1つは、税法上特有の繰延資産です。具体的には、以下の費用が税務上特有の繰延資産となり、その支出の効果の及ぶ期間を税法で定めており、その期間にわたって償却していくことになります。

① 自己が便益を受ける公共的施設または共同的施設の設置または改良のための費用

② 資産を賃借しまたは使用するための費用

③ 役務の提供を受けるための費用

④ 広告宣伝用資産の贈与のための費用

⑤ その他自己が便益を受けるための費用

■ 損金経理要件はどうなっているのか

　法人税法上、償却費として各事業年度の所得金額の計算上、損金の額に算入される金額は、確定した決算において償却費として損金経理した金額のうち償却限度額に達するまでの金額とされています。

　なお、税務上特有の繰延資産で20万円未満の支出については、支出時に全額損金算入することができます。

貸倒損失

．．．

貸倒損失の成立要件について知っておく

■ 貸倒損失とは

　取引先の財政状態の悪化や倒産などにより、まだ回収していない売掛金や貸付金などの金銭債権が戻ってこないことになると、その金額はそのまま会社の損失ということになります。いわゆる焦げ付きのことですが、これを貸倒損失といいます。

　金銭債権は、貸借対照表上では資産として表示されます。お金が回収される見込みがないということは、その金銭債権は不良債権として残ったままとなってしまい、会社の正しい財政状態を表わすことができません。そこで、貸倒れが発生した時に、次の仕訳で費用・損失の科目に振り替えます。

　（借方）貸倒損失／（貸方）売掛金・貸付金などの金銭債権

　この処理により、貸倒損失分の会社の資産及び儲けが減少します。貸倒損失として処理をした後にお金が回収できた場合は、「償却債権取立益」という収益の科目に振り替え、その年度の収入として取り扱います。

■ どんな場合に認められているのか

　貸倒損失をより客観的なものにするために、課税所得を算定する税務上は貸倒が成立するための要件が設定されています。

　以下の①～③のいずれかの事実があったとき、税務上貸倒損失として処理することが認められています。

① 　法令等により金銭債権が消滅する場合

② 　全額が回収不能の場合

③ 　売掛債権の貸倒れで①②以外の場合

**貸倒損失の成立
要件が必要な理由**

ある会社は「税金を少なくしたい」ため1か月入金の遅れた売掛金を貸倒損失として処理し、一方で別の会社は実際に倒産してしまった会社の売掛金のみを貸倒損失として処理するというように、会社の意図が介入することにより会計処理に違いがあると、税金の負担にも不公平が生じてしまう。また、債権が回収不能であるかどうかについて会社側に判断をゆだねる企業会計上の貸倒損失のみに基づいて課税所得を確定させてしまうと、国の税金確保の安定性が薄れてしまうことが理由である。

貸倒損失の計上が認められる３つの場合

1. **法律上の貸倒れ**
   法律上債権が消滅 し回収不能となった場合

2. **事実上の貸倒れ**
   債務者の資産状態などから見て 全額が回収不能 と認められる場合

3. **形式上の貸倒れ**
   売掛債権 について取引停止など一定の事実が生じた場合

回収の努力もしない安易な貸倒損失計上は、税務署から贈与（寄附）として扱われる可能性がある

①は、以下のような法令等に基づく事実により債権が切り捨てられたり免除されて、最終的に回収できないことになった金額を貸倒損失として処理します。②③については、次ページ以降で説明していきます。

・会社更生法による更生計画または民事再生法による再生計画の認可の決定があった場合

・会社法による特別清算に基づく協定の認可の決定があった場合

・債権者集会や金融機関等のあっせんによる当事者間の協議決定により債権放棄した場合

・債務者の債務超過の状態が相当期間継続し、弁済を受けることができないと認められる場合

なお、①のケースに限り、貸倒損失として経理処理をしなかった場合であっても、税金の計算上は損失があったものとして計算します。

たとえば、当期利益150万円で、これ以外に①の貸倒損失50万円が存在した場合、150万円－50万円＝100万円が、法人税が課税される課税所得（税法上の利益）となります。

■ 全額が回収不能の場合（事実上の貸倒れ）

　法的な事実はないものの、売上先やお金を貸した相手など、債務者の財産状態、支払能力から回収ができないことが明らかな場合は、その回収できない金額を貸倒損失として処理します。たとえば債務者が死亡・行方不明・被災などによって支払いができなくなったような場合です。ただし担保物がある場合はこれを処分し、その代金を控除した残金が、計上できる貸倒損失となります。担保物とは、抵当権などで担保されている不動産や取引の際に預かった保証金などのことです。

■ 売掛債権の貸倒れ（形式上の貸倒れ）

　売上先に対する売掛債権については、次の2つのケースで、貸倒損失の処理が認められています。

　まず1つ目として、かつては継続して取引していたが、取引がなくなって1年以上経過している取引先に対する場合です。この場合、売掛債権から備忘価額（その資産が残っていることを忘れないための名目的な価額のこと）1円を帳簿上残して貸倒損失を計上します。たとえば未回収の売掛金が1,000円ある場合は次のようになります。この仕訳により、帳簿及び貸借対照表上は売掛金1円が残ります。

　（借方）貸倒損失　999／（貸方）売掛金　999

　次に2つ目としては、遠方の取引先で、その債権の額よりも旅費交通費などの取立費用の方が上回ってしまい、かつ督促したにもかかわらず支払いがない場合です。この場合も同様に、備忘価額1円を残して貸倒損失を計上できます。

　なお、同一地域に複数の取引先がある場合、それらの合計の債権金額と取立費用で判断します。

■ 貸倒損失として認定されるための対策と対処法

　貸倒損失として認定されるためには、その事実の客観性を保

同一地域に複数の取引先がある場合

たとえばA県に事務所を置く会社（「甲社」）が、B県にC社、D社の2社を得意先としてもっていたとする。いずれの得意先の売掛金についても督促したものの支払がない。B県への交通費は1,000円、甲社のC社に対する売掛金は500円、D社に対する売掛金は800円で、取立てに関する費用は交通費のみとする。

通常であればC社500円＜取立費用1,000円、D社500円＜取立費用1,000円となり、いずれの売掛金についても貸倒損失を計上できることになる。しかし、常識的に考えると時間と経費を使ってC社に出向いたのであれば、ついでにD社にも訪問するものである。そこでこのような同一地域における債権については合算で判断する。したがって、この場合ではC社・D社の売掛金500円＋800円＝1,300円≧取立費用1,000円ということで、実際には貸倒損失は計上できないということになる。

取引停止から1年以上経過した売掛債権の貸倒れ

不動産取引のようなたまたま行った取引による債権については、たとえ営業活動上の売上債権であっても、継続した取引とはいえないため適用されない。担保物がある場合は、取引が完全に停止しているとはいえないので適用されない。

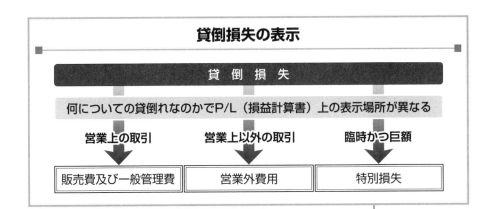

貸倒損失の表示

貸 倒 損 失

何についての貸倒れなのかでP/L（損益計算書）上の表示場所が異なる

営業上の取引	営業上以外の取引	臨時かつ巨額
販売費及び一般管理費	営業外費用	特別損失

つことが必要になります。「①法令等により金銭債権が消滅する場合」の貸倒れの中で、債務者の状況から回収ができないと認められる場合については、債権放棄をしたことを通知する書面を内容証明郵便で送付する方法により、債権放棄をした事実を証明します。控えも保管しておくようにしましょう。相手が行方不明の場合でも、所在不明で戻ってきた封書をとっておきます。

「全額が回収不能の場合」の貸倒れと「売掛債権」の貸倒れについては、経理処理をしていなければ認定されませんので、決算処理を行うときには、金銭債権の貸倒れ処理もれがないか、よくチェックしましょう。なお、取引停止から1年以上経過した売掛債権の貸倒れについては、継続取引があったことが前提です。いずれの場合においても、「いつ貸倒損失を計上するのか」ということも重要になってきます。法律による決定のあった日付や、全額回収できないことが明らかになった日付、最後に契約・商品の受渡し・入金等の取引があった日から1年以上経過している日付など、根拠のある日付で計上します。

税務上においては、貸倒損失の事実が認められない場合は、その取引先に対し、免除した債権金額相当の寄附をしたとみなされ、法人税がかかってしまうこともあります。貸倒損失が成立する要件を満たしているかどうかについては注意が必要です。

損益計算書の表示

貸倒損失の損益計算書上の表示場所は、「販売費及び一般管理費」「営業外費用」「特別損失」のいずれかになるが、その貸倒損失の性質により異なる。売掛金など営業上の取引先に対する貸倒損失は「販売費及び一般管理費」に、貸付金など通常の営業以外の取引で生じた貸倒損失は「営業外費用」に、損益計算書に大きく影響を与えるような、臨時かつ巨額な貸倒損失は「特別損失」に表示する。

引当金・準備金

■ 引当金・準備金は債務確定主義の例外である

税法では、「販売費及び一般管理費」などの費用については、減価償却費を除き、期末までに債務が確定していないものは損金（費用）に算入できません。

たとえば、来期予定されている固定資産の撤去のための費用の見積額について、期末に企業会計上で費用計上しても、税務ではその費用を損金として認めません。これは、実際に固定資産の撤去が期末までに行われているわけではなく、その撤去費用を支払うべき債務が確定していないためです。このように、債務が確定した時点で費用に算入すべきであるという考え方を債務確定主義といいます。

税法では、債務確定主義が採られます。なぜなら、見積費用の計上は、恣意的にできる余地が大きいからです。もし、税務上もこのような見積費用を認めてしまうと、課税の公平を保つことができなくなります。

引当金・準備金は、将来発生する費用または損失に対して事前に手当しておくものです。税務上、債務確定主義の観点から、原則として見積費用は認められません。しかし、一切認めないというのも現実的ではないので、税務上定めた一定の種類の引当金・準備金についてだけ、繰入額である見積費用の損金算入を認めています。

■ 引当金・準備金とは

会社の経営にはさまざまなリスクがつきものです。将来突然

引当金の種類

引当金には、貸倒引当金、賞与引当金、製品保証引当金、返品調整引当金、修繕引当金、退職給付引当金、債務保証損失引当金などがある。

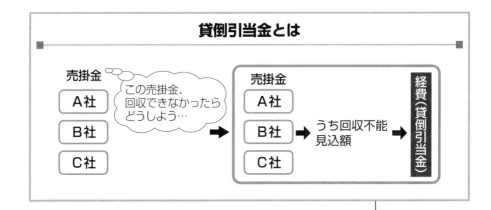

発生するかもしれない費用や損失を見積り計算し、あらかじめ準備するためのお金のことを引当金といいます。次の処理で新たに見積った金額は費用として計上します。引当金については「資産の部」のマイナス項目や「負債の部」として貸借対照表に表示されます。

（借方）○○引当金繰入／（貸方）○○引当金

　準備金とは、経済政策などの要請から租税特別措置法によって認められているものです。引当金の計上とは異なり、青色申告法人に限って認められています。

■ 税務上認められている引当金について

　企業会計は、正しい期間損益計算をすることが主な目的です。「当期の収益に対応する費用の計上」という費用収益対応の考え方から、以下の記述にもある貸倒引当金の他、賞与引当金、退職給付引当金などさまざまな引当金を計上する必要があります。

　しかし、税務上は、課税の公平という見地から、原則として引当金の計上は認めていません。会計との違いを調整するため、税法では計上できる金額の上限として設けた上で、一部の引当金については、会社側の任意で計上することが認められています。

例外として税務上も認められる引当金には貸倒引当金があります。貸倒引当金は、売掛金などの将来の貸倒損失に備えるために計上するものです。ただし、貸倒引当金は、現在は後述する中小法人等その他の一部の法人にしか計上が認められていません。

また、将来の商品の返品による損失に備えるために計上する返品調整引当金は、平成30年度税制改正により廃止され、従来返品調整引当金を計上していた法人は、令和３年３月31日までに開始する事業年度まではこれまでどおりの計上を認め、令和３年４月１日以降開始する事業年度から原則として計上が認められなくなりました。なお、令和３年４月１日以降令和12年３月31日までの間に開始する事業年度において、段階的に返品調整引当金の計上が縮小される経過措置が適用されます。

このように、引当金は上記で税務上認められる貸倒引当金及び返品調整引当金を除いて損金不算入となり、申告調整により利益に加算します。

■ 貸倒引当金とは

取引先の倒産などによる貸倒れもリスクのひとつといえるでしょう。会社が保有する売掛金や貸付金などの金銭債権の中に、回収できない恐れのあるものが含まれている場合には、これに備えて引当金を設定します。これを貸倒引当金といいます。

会計上は、売上債権などの金銭債権に対して、一定の計算などにより貸倒見込額を見積もって貸倒引当金を計上します。具体的には債権を①一般債権、②貸倒懸念債権、③破産更生債権等、の３つに区分し、その区分ごとに貸倒見込額を計算します。

① 一般債権

経営状態に重大な問題が生じていない債務者に対する債権です。

② 貸倒懸念債権

経営破たんの状態には至っていないが債務の弁済に重大な問題が生じているまたはその可能性の高い債務者に対する債権です。

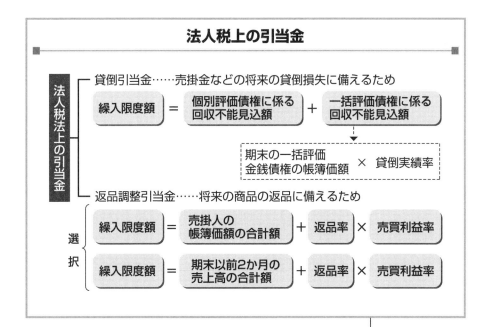

法人税上の引当金

法人税法上の引当金

── 貸倒引当金……売掛金などの将来の貸倒損失に備えるため

| 繰入限度額 | = | 個別評価債権に係る回収不能見込額 | + | 一括評価債権に係る回収不能見込額 |

期末の一括評価金銭債権の帳簿価額 × 貸倒実績率

── 返品調整引当金……将来の商品の返品に備えるため

選択

| 繰入限度額 | = | 売掛人の帳簿価額の合計額 | + | 返品率 | × | 売買利益率 |

| 繰入限度額 | = | 期末以前2か月の売上高の合計額 | + | 返品率 | × | 売買利益率 |

③　破産更生債権等

　経営破たんまたは実質的に経営破たんに陥っている債務者に対する債権です。

■ **貸倒損失とはどう違うのか**

　貸倒引当金は、まだ貸倒れの予測段階で計上されるものである一方、貸倒損失は、客観的にその事実が存在している損失であるという違いがあります。

　たとえば、ある取引先が会社更生法の適用により、当社に対する売掛金100万円のうち半分を切り捨て、残り半分は10年間の分割払いとする決定があったとします。切り捨てが決定された50万円については、回収できないことが明らかなので貸倒損失となります。残りの50万円についてですが、支払いを受ける決定がされたものの、会社更生法が適用されたことで、もはや健全な取引先とはいえません。

そこで回収不能を予測して設定するのが貸倒引当金です。ま
だ予測の段階なので、順調に支払いを受けた場合は、毎期その
設定金額を見直していきます。

■ 税務上貸倒引当金が認められるのはどのような場合か

貸倒引当金の計上は、原則的には認められないことになって
います。現段階で貸倒引当金の損金算入が認められるのは、以
下に記述するような一定の法人等に限定されます。一定の法人
等とは、①中小法人等、②銀行や保険会社などの金融機関、③
一定の金銭債権を有する法人等です。

①の中小法人等とは、資本金等の額が1億円以下である普通
法人のうち資本金等5億円以上の大法人等に完全支配されてい
ないもの、公益法人等、協同組合等、人格のない社団等をいい
ます。③の「一定の金銭債権を有する法人等」とは、リース会
社、債権回収会社、質屋、クレジット会社、消費者金融、信用
保証会社などが該当します。

■ 税務上認められる準備金とは

会計上の準備金
会社法上の一定の要件
によって積み立てられ
る資本準備金や利益準
備金などがある。

準備金は、引当金とは異なりその事業年度の収益と明確な因
果関係を持っているものは少なく、むしろ偶発的な損失の引当
てや政策的な性格を持つもので、一定の要件の下で一定額の損
金算入が可能となっています。

税法上設けることができる準備金は次のとおりです。準備金の
名称からしても、特定の業種に使用が限定されているといえます。
・海外投資等損失準備金
・特定災害防止準備金
・原子力発電施設解体準備金
・特定原子力施設炉心等除去準備金
・保険会社等の異常危険準備金
・原子力保険または地震保険に係る異常危険準備金

会計上の貸倒引当金と法人税法上の貸倒引当金の違い

会計上の貸倒引当金 ← 貸倒れの危険性に応じて３つの段階に債権を分類段階別に会計処理

貸倒れの危険性 高い

一般債権	債務者の経営状態に重大な問題なし→貸倒実績率法により計算
貸倒懸念債権	債務者は債務の弁済に重大な問題が生じている可能性あり→キャッシュ・フロー見積法または財務内容評価法により計算
破産更正債権等	債務者は経営破たんの状態→財務内容評価法により計算

法人税法上の貸倒引当金 ← 会社更生法をはじめとする法律上の観点などから債権の貸倒れの危険性を分類

個別評価金銭債権	（法的な長期棚上げ）会社更生法等の法律の決定に基づくもの（実質基準）債務超過の状態が継続している等（形式基準）手形交換所の取引停止等（外国政府等）回収が著しく困難な一定の外国政府等の債権
一括評価金銭債権	個別評価金銭債権以外の債権

・関西国際空港用地整備準備金

・中部国際空港整備準備金

・特定船舶に係る特別修繕準備金

・探鉱準備金または海外探鉱準備金

・農業経営基盤強化準備金

役員報酬・賞与・退職金の処理

税務上、役員とは会社経営に従事している人をいう

■ 税法上の役員は会社法上の役員より幅が広い

　法人税法では、役員を「法人の取締役、執行役、会計参与、監査役、理事、監事、清算人及び法人の使用人以外の者でその法人の経営に従事している者」としています。つまり、会社法上の役員はもちろん、使用人以外の相談役、顧問など会社の経営に従事している人、あるいは同族会社の使用人で、その会社の経営に従事している者のうち、一定の条件を満たす者も役員とみなされます。これら税法独自の役員をみなし役員と呼んでいます。また、会社法上の役員であっても、取締役経理部長のように使用人の地位を併せ持つ人のことを、税法上は特に使用人兼務役員といい、他の役員と区別しています。

■ 損金算入できる役員給与の範囲

　法人がその役員に対して支給する給与（退職給与等を除く）のうち、損金算入されるものの範囲は、次の①〜③のようになっています。

① 支給時期が1か月以下の一定期間ごとで、かつ、その事業年度内の各支給時期における支給額が同額である給与（つまり定期同額の給与）の場合

② 所定の時期に確定額を支給する届出に基づいて支給する給与など（つまり事前確定届出給与）の場合

③ 非同族会社または非同族会社の完全子会社の業務執行役員に対する業績連動給与で、算定方法が利益に関する指標を基礎とした客観的なものである場合

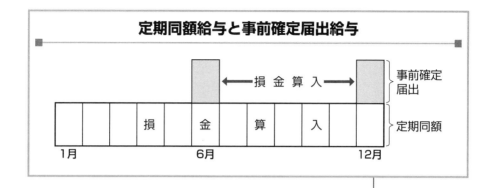

定期同額給与と事前確定届出給与

損　金　算　入 → 事前確定届出

		損	金	算	入		

定期同額

1月　　　　　　　6月　　　　　　　12月

①の定期同額給与は、期首から３か月以内の改定、臨時改定事由や業績悪化などにより改定した場合には、改定前後が同額であれば定期同額給与に該当します。現金以外のいわゆる現物給与の場合、その額がおおむね一定であれば定期同額給与に該当します。

②の事前確定届出給与とは、たとえば、年２回、特定の月だけ通常の月額報酬より増額した報酬（臨時給与、賞与）を支払う場合、支給額、支給時期等を事前に届け出ていれば損金算入が認められます。なお、これらの給与であっても不相当に高額な部分の金額や不正経理をすることにより支給するものについては、損金の額に算入されません。一方、役員に対して支給する退職給与については、原則として損金の額に算入されますが、不相当に高額な部分の金額は損金の額に算入されません。

■ 役員退職金の損金算入

法人が役員に支給する退職金で適正な額のものは、損金の額に算入されます。その退職金の損金算入時期は、原則として、株主総会の決議等によって退職金の額が具体的に確定した日の属する事業年度となります。ただし、法人が退職金を実際に支払った事業年度において、損金経理をした場合は、その支払った事業年度において損金の額に算入することも認められます。

役員退職金

税務上は、役員が会社その他の法人を退職したことによって初めて支給され、かつ、役員として在任期間中における継続的な職務執行に対する対価の一部の後払いとしての性質を有する給与であると解されている。

寄附金

損金算入限度額以上は損金算入できない

■ 寄附金とは

寄附金は、損金の額に算入するのが原則です。しかし、反対給付を伴わない事業関連性に乏しい支出であるとの理由から、一定の損金算入制限が設けられています。

寄附金の額とは、金銭その他の資産または経済的な利益の贈与等をした場合におけるその金銭の額あるいは金銭以外の資産の価額等をいいます。寄附金、拠出金等のどのような名称で行うのかは関係ありません。また、金銭以外の資産を贈与した場合や経済的利益の供与をした場合には、その贈与時の価額あるいは経済的利益を供与した時の価額が寄附金の額とされます。

なお、一般常識に比べて明らかに低額で譲渡を行った場合にも、譲渡時の価額と時価との差額が、寄附金の額に含まれます。

■ 損金算入時期はいつになるのか

寄附金の額は、その支出があるまでの間、なかったものとされます。つまり、実際に金銭等により支出した時にはじめて、その支出があったものと認識されます。したがって、未払計上や手形の振出による寄附金で、未決済のものについては、損金に算入することはできません。

また、法人が利益の処分として経理処理した寄附金については、国等に対する寄附金、指定寄附金及び特定公益増進法人に対する寄附金を除き、損金の額には算入されません。

寄附金の額に含まれないもの

広告宣伝費、交際費、福利厚生費とされるものについては、寄附金の額に含まれない。また、子会社の整理費用や被災者に対する災害義援金は、損失や費用の額として損金の額に算入される。

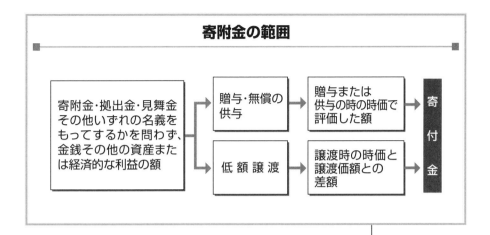

寄附金の範囲

```
寄附金・拠出金・見舞金    →  贈与・無償の    →  贈与または          →  寄
その他いずれの名義を           供与              供与の時の時価で        付
もってするかを問わず、                           評価した額              金
金銭その他の資産また
は経済的な利益の額      →  低 額 譲 渡    →  譲渡時の時価と      →
                                           譲渡価額との
                                           差額
```

■ 損金算入には限度額がある

　寄附金には、事業の円滑化や広報活動、公益的な慈善事業に対するものなど、社会一般の考え方から見てそれを損金として認めるべきものもあることから、目的によって損金算入できる金額が規定されています。

　国等に対する寄附金及び財務大臣の指定した寄附金は、全額損金算入されます。一般の寄附金及び特定公益増進法人等に対する寄附金のうち、一定限度額を超える部分の金額は、損金の額に算入されません。

　損金として算入できる寄附金の限度額は、以下の計算式で算定されます。

① **一般の寄附金**

　（期末資本金等の額×12/12×2.5/1000＋寄附金支出前の所得金額×2.5/100）×1/4

② **特定公益増進法人等**

　（期末資本金等の額×12/12×3.75/1000＋寄附金支出前の所得金額×6.25/100）×1/2

交際費

· ·
冗費節約の見地から一定の金額は損金の額に算入されない

■ 交際費等とは

　法人税法では、交際費等については、別段の定めにより一定の金額を損金不算入としています。そこで、交際費等の範囲が問題になります。交際費等とは、交際費、接待費、機密費その他の費用で、法人がその得意先、仕入先その他事業に関係のある者等に対する接待、慰安、贈答その他これらに類する行為のために支出するものをいいます。これらの交際費等は、法人の活動上必要な支出ではありますが、無条件に損金算入を認めてしまうのは望ましくなく、冗費節約の観点から損金算入の制限が設けられています。

　交際費等の損金不算入額は、その法人が中小法人、大法人のいずれに該当するかによって異なり、以下のようになっています。

① 中小法人

　中小法人とは、期末資本金が1億円以下で、資本金5億円以上の法人などとの間に完全支配関係がない法人です。この場合は、その事業年度の支出交際費等の額のうち800万円に達するまでの金額または飲食費（1人当たり5000円以下の飲食費を除く）の50%のうち大きい額が損金算入されます。

② 大法人

　大法人とは、上記①以外の法人です。この場合は、その事業年度の支出交際費等の金額のうち、飲食費（1人当たり5000円以下の飲食費を除く）の50%が損金算入されます。ただし、資本金100億円超の法人は、令和2年4月1日以後開始する事業年度より損金算入ができなくなりました。

完全支配関係

簡単にいえばその法人の株式をすべて保有されているような状態をいう。

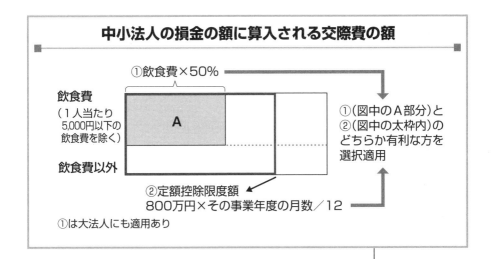

中小法人の損金の額に算入される交際費の額

①飲食費×50%

飲食費
（1人当たり
5,000円以下の
飲食費を除く）

A

飲食費以外

①（図中のＡ部分）と
②（図中の太枠内）の
どちらか有利な方を
選択適用

②定額控除限度額
800万円×その事業年度の月数／12

①は大法人にも適用あり

■ 交際費等に含めなくてよい費用もある

　形式的には税務上の交際費等の範囲にあてはまる場合であっても、損金不算入となる交際費等には含めなくて差し支えないという費用が、次の通り限定的に列挙されています。

① 　もっぱら従業員の慰安のために行われる運動会、演芸会、旅行等のために通常要する費用

② 　カレンダー、手帳、扇子、うちわ、手ぬぐい、その他これらに類する物品を贈与するために通用要する費用

③ 　会議に関連して、茶菓、弁当、その他これらに類する飲食物を供与するために通常要する費用

④ 　新聞、雑誌等の出版物または放送番組を編成するために行われる座談会その他の記事の収集のために、または放送のための取材のために通常要する費用

　しかし、交際費と隣接費用との区分が明確でないことから、実際には隣接費用について交際費であると税務調査の際に認定されることも多く、その解釈や運用をめぐってさまざまな議論が行われてきました。なお、現在では、1人当たり5,000円以下の飲食費について交際費とは別に損金算入が認められています。

隣接費用

交際費と区別がしにくいが費用として計上できるもの。

交際費を判断する上での注意点

帳簿上での勘定科目ではなく、実質的な内容で判断される。
・販売促進費：販売に協力した取引先などに対し金銭や物品を渡す場合。金銭や少額物品、自社製品は交際費に該当しない。高額物品や、旅行、観劇等への招待などは交際費に該当する。
・渡切交際費：役員などに対し精算を要しない交際費を支給する場合、交際費ではなく給与として取り扱われる。
・タクシー代：接待などに使われたタクシー代は接待費に該当する。
・ゴルフクラブ：入会金が会社名義の場合、諸費用は交際費となる。プレー代は、業務遂行上必要なものであれば交際費となる。

赤字のときの法人税の処理

・・・

欠損金を利用すれば法人税を少なくすることができる

なぜ税負担の調整があるのか

会社は継続的に事業活動を行うので、黒字の年もあれば赤字の年もある。このような場合に、黒字のときだけ税金が課税され、赤字のときは何の措置もないというのは、不公平である。そのため、マイナスの所得である欠損金が生じた場合には、欠損金の繰越控除という制度によって、税負担の調整を図っている。

中小法人とは

期末資本金1億円以下で、資本金5億円以上の大法人による完全支配関係がないなどの要件に該当する法人。

所得の50%

令和3年税制改正大綱では、一定の要件を満たした場合には所得の50%を超えた分についても欠損金が控除できる制度が予定されている。

■ 欠損金は向こう10年間に生じる黒字から控除できる

　欠損金とは、その事業年度の損金の額が益金の額を超える場合のマイナスの所得、つまり赤字のことをいいます。

　今期の事業年度の所得金額が黒字だった場合において、その事業年度開始の日の前から10年以内に開始した事業年度に生じた赤字の所得金額、つまり欠損金額があるときは、今期の黒字の所得金額を限度として、その欠損金額を損金の額に算入することができます。これを欠損金の繰越控除といいます。つまり、欠損金が生じた場合は、将来10年間に生じる黒字の所得金額から控除することができるのです。ただし、平成30年3月31日以前に開始した事業年度において生ずる欠損金は10年間ではなく9年間になります。また、中小法人等を除き、所得から控除できる金額は黒字の事業年度の所得の50%までに限られています。この制度を適用するためには、欠損金が生じた事業年度において青色申告書を提出し、かつ、欠損金の生じた事業年度以降も連続して確定申告書（青色申告書でなくてもよい）を提出していること、欠損金が生じた事業年度の帳簿書類を保存していること、が条件です。

■ 中小法人は欠損金が出たら税金を還付してもらえる

　今期の事業年度が赤字だった場合（欠損事業年度）、その欠損金を、今期事業年度開始の日前1年以内（前期）に開始した事業年度に繰り戻して、その欠損金に相当する法人税の全部または一部を還付してもらうことができます。これを欠損金の繰

欠損金とその調整

欠損金の繰越控除

各事業年度の開始の日前10年以内の欠損金額を各事業年度の所得の金額の計算上、損金の額に算入が可能

➡ 「前期赤字、今期黒字」の場合は欠損金の繰越控除が可能。
平成30年3月31日以前に開始した事業年度で生じた
欠損金額は9年以内。

欠損金の繰戻しによる還付

欠損金額を欠損事業年度開始の日前1年以内に開始した事業年度に繰り戻して還付を請求できる

➡ 「前期黒字、今期赤字」の場合には欠損金の繰戻しによる還付
（中小法人等のみ）が可能。

戻しによる還付といいます。この制度は、中小法人及び解散など特別の事情のある法人に限り、受けることができます。中小法人とは、期末資本金が1億円以下で、資本金5億円以上の大法人による完全支配関係がないことなどの要件に該当する法人のことをいいます。

制度が適用されるためには、①前事業年度（前期）及び欠損事業年度（当期）ともに青色申告書を提出していること、②欠損事業年度の青色申告書を期限内に提出していること、③欠損事業年度の青色申告書と同時に欠損金の繰戻しによる還付請求書を提出している、といった条件を満たすことが必要です。

ただし、この制度は法人地方税にはありませんので、還付されるのは国税である法人税の額のみです。

欠損金の繰戻し還付

「今期と前期の所得金額を通算すると、前期の法人税は納めすぎだった」という場合に、納めすぎた分を還付してもらうことができる。

法人税に関する令和３年度税制改正大綱

　令和２年12月に政府与党が公表した令和３年度税制改正大綱では、令和３年度税制改正にあたり主に次の制度の新設が検討されています。

・産業競争力強化法の改正を前提とする特別償却及び税額控除

　①IT投資の促進（デジタルトランスフォーメーション）や②温室効果ガス対策等（カーボンニュートラル）のために、青色申告書を提出する法人が、同法令に基づく一定の計画の認定を受けて、令和５年３月31日（②の場合は令和６年３月31日）までの間に、その計画等によりソフトウェアまたは関連の繰延資産（②の場合には一定の設備）を取得した場合には、取得価額の30％の特別償却か取得価額の３％または５％の税額控除（②の場合は取得価額の50％の特別償却か取得価額の５％または10％の税額控除）の適用を受けることができます。

・産業競争力強化法の改正を前提とする繰越欠損金の控除の特例

　青色申告書を提出する法人が、同法令の改正法施行日以後１年以内に一定の計画の認定を受けて、令和２年４月１日から令和３年４月１日までの期間内の日を含む事業年度において欠損金がある場合には、欠損金の繰越控除前の所得の金額の範囲内で損金算入できます。

・中小企業等経営強化法の改正を前提とする準備金制度

　青色申告書を提出する中小企業者が、同法令の改正法施行日以後令和６年３月31日までの間に一定の計画の認定を受けて、他の法人の一定の株式等の取得をした場合には、その株式等の取得価額の70％以下の金額について中小企業事業再編投資損失準備金として損金算入できる制度です。

・株式交付による株式譲渡損益の繰り延べ

　法人が、会社法の株式交付により、その有する株式を譲渡し、株式交付親会社の株式等の交付を受けた場合には、その譲渡した株式の譲渡損益の計上を繰り延べることができます。

PART 3

消費税のしくみ

消費税とは

消費者が広く公平に負担する間接税である

■ 消費税とはどんな税金か

消費税とは、「消費をする」という行為に税を負担する能力を認め、課される税金です。

消費税を負担するのは法人・個人にかかわらず消費行為をした「消費者」です。消費税は、消費者から商品やサービスの代金といっしょに徴収されますが、実際には誰が納付するのでしょうか。

消費税は、実は税金を徴収した店や会社が納付することになっています。このように税の負担者が直接納付せず、負担者以外の者が納付するしくみの税金を間接税といいます。

店や会社などが消費税を徴収する場合、その表示方法は「税込」価格として本体価格と消費税を総額で表示することが原則となっています。ただし、消費税率引上げに伴い、税抜価格での表示が認められるようになり、この総額表示義務は令和3年3月31日まで緩和されています。また、令和元年10月1日より、消費税の軽減税率制度が開始され、令和5年10月1日からは適格請求書等保存方式（インボイス）が導入されます。

■ 具体例で見る流通の流れと消費税の申告・納付

消費税は、店や会社などの事業者が消費者の代わりに徴収して納めるしくみです。買い物をしたときに店から受け取るレシートを見ると、「本体○○円、消費税××円」というように、内訳に消費税額が記載されています。しかし、この金額は、そっくりそのまま税務署へ納められるわけではありません。

「消費をする」

物を購入する、賃借する、情報などのサービスを受ける、というような行為である。

消費税率

平成元年4月に3％の税率で導入された消費税は、平成9年4月1日から5％に、平成26年4月1日から8％、そして令和元年10月1日からは10％に税率が引き上げられた（国税7.8％及び地方税2.2％）。

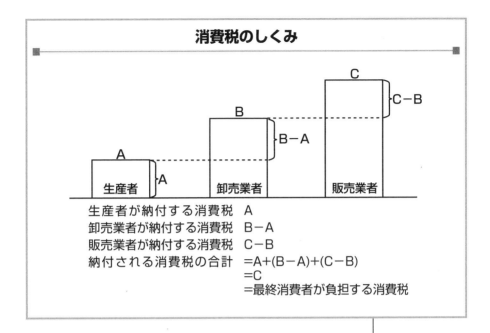

消費税のしくみ

生産者が納付する消費税　A
卸売業者が納付する消費税　B−A
販売業者が納付する消費税　C−B
納付される消費税の合計　=A+(B−A)+(C−B)
　　　　　　　　　　　　=C
　　　　　　　　　　　　=最終消費者が負担する消費税

　消費税を納めるべき事業者は、商品やサービスを消費者へ供給する立場ですが、一方で商品を仕入れたり備品などを購入するため、消費者の立場でもあります。つまり、事業者は物品の購入等とともに税を負担し、消費者からは、売上とともに税を徴収しているということになります。

　もし、徴収した税額のみを納めた場合、自身が負担した消費税はコストの一部となり、販売金額に上乗せされてしまいます。そうなると、税額が流通ルートに乗って、雪だるま式にふくれあがってしまうわけです。消費税の計算は、このような「税の累積」を排除するため、徴収した税額から負担した税額を控除して納めるしくみになっています。

　なお、消費税は間接税という性質上、たとえ事業が赤字であったとしても納税義務が生じる場合があります。詳しくは後述しますが、消費税は消費行為を行った時点で発生するため、代金が回収できていなくても納税義務が生じる場合もあります。

消費税が課される取引と課されない取引

課税の対象となるための要件をおさえる

■ 消費税が課される取引と課されない取引がある

消費税法では、消費行為を国内取引と輸入取引とに分けて考えます。まず国内取引から見ていきます。消費税の課税対象となる消費行為とは、①「国内において」、②「事業者が事業として」、③「対価を得て（代金を受け取ること）行う」、④「資産の譲渡等」、または「特定仕入」と定められています。

逆に、上記①～④のうちいずれか1つでもあてはまらないような取引、または特定仕入に該当しない取引は、消費税が課されない「不課税取引」となります。また、これらに該当する取引の中でも、後述するように特別に課税されない「非課税取引」というものもあります。次に輸入取引ですが、税関から国内に持ち込まれる外国貨物については、消費税が課されるというしくみです。反対に国外へ輸出する貨物等については、消費税が免除されます。これは、日本国内で消費されたものにのみ課税し、国際間の二重課税を防ぐためのものです。

以下は国内取引に関する内容です。課税取引とはどのようなものをいうのか、もう少し詳しく見ていきましょう。

■ 課税取引とは

課税取引とは、上記①～④に定められる取引であり、さらに掘り下げると次のとおりになります。

① 「国内において」とは

資産の譲渡または貸付を行う場合には、その資産の所在場所が国内であるかどうかによって国内取引を判定します。

通信その他国内と国外の双方にわたって行われる役務の提供などの場合

その発送地や到着地等のいずれかが国内であれば、国内取引（免税取引）になる。

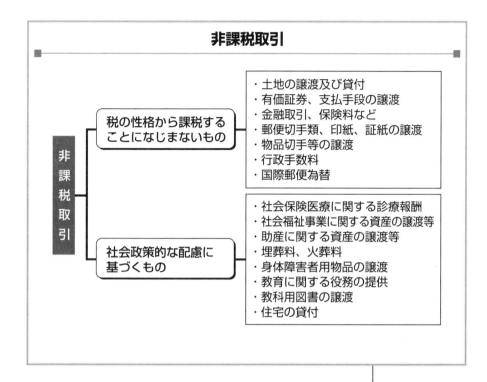

非課税取引

非課税取引

税の性格から課税することになじまないもの
- ・土地の譲渡及び貸付
- ・有価証券、支払手段の譲渡
- ・金融取引、保険料など
- ・郵便切手類、印紙、証紙の譲渡
- ・物品切手等の譲渡
- ・行政手数料
- ・国際郵便為替

社会政策的な配慮に基づくもの
- ・社会保険医療に関する診療報酬
- ・社会福祉事業に関する資産の譲渡等
- ・助産に関する資産の譲渡等
- ・埋葬料、火葬料
- ・身体障害者用物品の譲渡
- ・教育に関する役務の提供
- ・教科用図書の譲渡
- ・住宅の貸付

役務の提供を行う場合には、その提供の場所が国内であるかどうかによって国内取引を判定します。

② 「事業者が事業として」とは

事業者とは、事業を行う法人や個人のことです。個人の場合、店舗や事務所を経営する人の他、医師や弁護士、税理士なども事業者に該当します。法人は株式会社などのことです。国や都道府県、市町村、宗教法人や医療法人、代表者の定めのある人格のない社団等も法人に該当します。「事業」とは、対価を得て行われる取引を自ら繰り返し行うことをいいます。法人が行う取引はすべて「事業として」行ったものとなります。

一方、個人事業者の場合は、仕事以外の普段の生活における消費行為については、「事業として」行ったものではないため、除いて考える必要があります。

事業とは言えないものの例

会社員がたまたま受け取った出演料や原稿料のような報酬は、繰り返し行ったとはいえず、事業とはいえない。

③ 「対価を得て」とは

資産の譲渡、貸付、役務の提供を行った見返りとして代金を受け取ることをいいます。

対価を得ず、無償で資産を譲渡した場合も、その譲渡した相手と利害関係があれば、対価を得ているとみなされる場合があります。たとえば法人がその役員に自社製品を贈与した場合、実際は対価を得ていなくても、対価を得て製品を販売したことになり、課税取引として申告しなければなりません。これをみなし譲渡といいます。また、定価よりも著しく低い値段で譲渡した場合、相手が法人の役員や個人事業主であれば、実際の低い値段ではなく、定価で販売したものとして申告しなければなりません。このような取引を低額譲渡といいます。

④ 「資産の譲渡等」とは

資産の譲渡等とは、資産の譲渡、貸付、役務の提供をいいます。つまり、物品や不動産などを渡す行為、貸し付ける行為、サービスを提供する行為です。

また、特定仕入とは、事業者向け電気通信利用役務の提供、及び特定役務の提供をいいます。これらは、国外でサービスの提供が行われたとしても消費税が課されます。

・**事業者向け電気通信利用役務の提供**

インターネットなどを介する電子書籍・音楽・広告の配信等のサービスの提供をいいます。

・**特定役務の提供**

国外事業者が行う演劇等の役務をいいます。

なお、特定仕入の場合は、リバースチャージ方式といって、国外事業者に代わり役務の提供を受けた国内事業者（課税売上割合が95％未満で、かつ簡易課税制度を適用しない場合）に対して消費税の納税義務が課されます。

サービスを提供する行為

請負、宿泊、出演、広告、運送などの他、弁護士、公認会計士、税理士、作家、スポーツ選手、映画俳優、棋士等によるその専門的な知識や技能に基づく行為も含まれる。

特定役務の提供

映画・演劇の俳優、音楽家その他の芸能人または職業運動家等の役務の提供のこと。

■ 非課税取引とは

　消費税の課税対象となる取引のうち、その性格上課税することが適当でない、もしくは医療や福祉、教育など社会政策的な観点から課税すべきではない、という大きく分けて２つの理由により、消費税が課されない取引があります。本来は課税取引に分類されるべきですが、特別に限定列挙して課税しないという取引です。これらの取引を非課税取引といいます。

■ 不課税取引とは

　消費税の課税対象は、①「国内において」、②「事業者が事業として」、③「対価を得て行う」、④「資産の譲渡等」、または「特定仕入」です。これらの要件に１つでもあてはまらない取引は、課税の対象から外れます。このような取引を不課税取引といいます。たとえば、国外で行った取引、賃金給与の支払い、試供品の配布、寄附などはこの不課税取引に該当します。

■ 非課税取引と不課税取引の違い

　非課税取引も不課税取引も、対象とする取引に消費税がかからない点においては同じです。しかし、非課税取引は本来課税取引としての要件を満たしているにもかかわらず、政策的な配慮などの理由によりあえて非課税として扱うのに対して、不課税取引はそもそも課税取引の要件を満たしていません。したがって、両者はその性質が異なります。

　特に、消費税を考慮する上で両者が大きく異なってくるのは、課税売上割合（課税売上高／売上高）を計算する場合です。非課税売上の場合には分母の売上高に金額を含めますが、不課税売上の場合には含めません。課税売上割合は、仕入控除税額の計算（115ページ）などに影響します。

免税売上

結果として消費税は発生しないが、課税売上に属するものであるため、課税売上割合の計算上分母と分子の両方に金額を含める。

総額表示義務

消費税引上げに伴う総額表示義務に関する注意点をおさえておく

■ 総額表示義務とは

　総額表示義務は、消費税課税事業者に対して義務付けられたものです。もし、「税抜表示」と「税込表示」が混在してしまう状況になってしまうと、レジ等において総支払額がどの程度になるのかがわかりにくい場合があります。そこで、以下のような価格表示に対して、税込価格を表示すること（総額表示）を義務付け、消費税額を含んだ総支払額が一目でわかるようになりました。

・値札、陳列棚、店内の価格表示

・商品パッケージに対して印字や貼付する価格表示

・新聞、DM、雑誌、カタログなどの価格表示

・テレビ、ホームページなどの価格表示

・その他、消費者に対して行う小売段階の価格表示

■ 総額表示義務がなぜ問題になるのか

　税込価格を表示し、総額表示されていれば総支払額は一目でわかります。しかし、平成26年4月（消費税率8％）に続いて令和元年10月（消費税率10％）の消費税引上げによって、消費税の課税事業者は幾度も価格表示を変更する必要が生じました。これは、消費税の課税事業者にとって、コストや手間などの負担が増大することになります。

　また、総額表示のまま消費税率が8％や10％と引き上げられれば、消費者に商品価格が値上がりしたという誤った印象を与えることになりますし、逆に消費税率引上げに便乗した値上げ

メニューなどの表示についての注意点

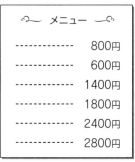

～ メニュー ～	
------------	800円
------------	600円
------------	1400円
------------	1800円
------------	2400円
------------	2800円

値下げした商品について、消費税との関連で値下げを行ったことを明示することは禁止！

「税抜価格表示にして、レジにて消費税を精算することを明瞭に表示する」など、対策を検討する必要あり

（表示方法の具体例）

・値札に「税込」または「税抜」・「本体価格」などの表示

・消費者の目に付く場所に以下のような表示
「当店はすべて税抜表示を行っております」
「消費税分は別途レジにて請求させていただきます」など

が行われる恐れが生じます。

■ 税抜価格表示の特例とは

　消費税率の引上げによる税込表示の問題点を解消するため、平成25年10月1日から令和3年3月31日までの間、「消費税転嫁対策特別措置法」によって、税込価格の表示（総額表示）をしなくてもよいとされる特例が定められています。これは、以下の両方に該当する場合、期間内に限って特例が認められます。

・消費税の円滑で適正な転嫁のため必要があるとき

・表示する価格が税込価格であると誤認されないための措置をとるとき

　なお、表示する価格が税込価格であると誤認されないためには、たとえば「当店の商品は税抜表示となっています」などの誤認を防止できるようにわかりやすく説明を記載する必要があります。ただし、これがレジ周辺のみに表示されている場合や、

消費税転嫁対策特別措置法

消費税率の引き上げに伴う、消費税の円滑かつ適正な転嫁を確保のために、令和3年3月31日まで適用される時限立法。具体的には、大規模事業者（買い手）が個人事業者や資本金3億円以下の事業者（売り手）に対する買いたたきや減額などの、消費税の転嫁を拒む行為の禁止などを定めている。

カタログやホームページの申込用紙（申込画面）のみに記載されているような場合は、認められません。同様の説明等が、商品に表示されていたとしても、字が著しく小さいなど、消費者にとって見えづらい場合も、誤認防止措置をとっているとはいえません。

　消費者の立場からすれば、税込価格が表示されていなかったり、店によって価格の表示方法が異なっていたりといった状況は、非常に不便で煩わしいことだといえます。したがって、消費者への配慮から、この特例にはできるだけ速やかに税込表示へ移行しなければならないという、「努力義務規定」も盛り込まれています。

■ 個々の値札で税抜価格であることを表示する場合の注意点

　個々の値札で税抜価格を表示することは認められていますので、商品ごとに値札を貼り替える事業者も多いでしょう。その場合、消費者が商品を選択する際に、税抜価格であることが容易に判断できるよう工夫する必要があります。

　具体的には、個々の商品ごとに貼り付ける値札に、たとえば「○○円（税抜き価格）」「○○円（本体価格）」「○○円＋税」といった表示を行うことが考えられます。また、スーパーの陳列棚のように、複数並んでいる同じ商品の価格を、まとめて棚札等で表示する場合も、その棚札等に同様の記載を行うことになります。

■ 一括して税抜表示をする場合の注意点

　個々の値札で税抜価格であることを明示することが困難である場合には、店内の掲示などによって、すべての商品について一括して税抜価格であることを表示する方法も認められます。

　この場合も、消費者が誤認しないような措置をとる必要があ

ります。つまり、掲示等を行うことによって、個々の商品に記載された金額が税抜価格であることが、容易に認識できるかが重要です。

すべての商品が税抜価格で表示されている場合は、「当店の価格表示はすべて税抜表示となっています」「当店の価格表示はすべて税抜価格ですので、レジにて別途消費税が加算されます」といった内容になります。このような注意書きを、店内の消費者が目につきやすい場所に掲示しなければなりません。

広告やカタログ、WEBに掲載された商品を、一括して税抜表示とする場合は、個々の商品価格の箇所に税抜金額のみを表示し、あわせて消費者が商品等を選択する際に目につきやすい箇所に「本カタログの価格表示はすべて税抜表示となっています」「このサイトの商品はすべて税抜表示となっています」といった表示を行う必要があります。

なお、申込用紙や、申込フォームのみにこのような表示を行うことは許されません。必ず商品選択時に明瞭に認識できる箇所に表示しなければならないことに注意が必要です。

広告宣伝に関する注意点

たとえば、「当店では、消費税の転嫁をいたしません」「消費税の負担は当社がいたします」「消費税還元セール」といった表示は、取引の相手方に消費税を転嫁していないことを誤認させるため禁止されている。

■ 一部の商品について税抜価格を表示するとき

税込価格を表示している店内で、広告掲載の商品など、一部の商品について税抜価格で表示したい場合もあるでしょう。

その場合は、値札等に税抜価格であることを表示した上で、「当店では、税込表示の商品と税抜表示の商品があります。税抜価格の商品につきましては、値札に『税抜』と表示しています」といった掲示を行う方法、あるいは、税込の商品と陳列棚等で明確に区分し、「この棚に陳列してある商品はすべて税抜表示となっています」「この棚に陳列してある商品はすべて税込表示となっています」といった掲示を行うこともできます。

納税事業者や課税期間

まずは課税事業者か免税事業者かを判定するところからはじまる

■ 納税義務者はどうなっているのか

税金を納める義務のある者のことを「納税義務者」といいます。消費税の納税義務者は、「事業者」と「外国から貨物を輸入した者」です。「事業者」とは、個人で商売を営む経営者や会社など、事業を行う者のことをいいます。

ただし、すべての「事業者」が納税義務者になるわけではありません。小規模の会社や個人経営者にとっては、本業の経営を行う傍らで税金を計算するという作業は非常に負担がかかります。このような小規模事業者への配慮から、前々年度の課税売上が1000万円以下であるなど一定要件を満たす事業者については、消費税を納付する義務がありません。なお、消費税を納める義務がある事業者のことを課税事業者、消費税を納める義務がない事業者のことを免税事業者といいます。

■ 課税期間とは

課税期間とは、消費税を申告するための計算単位となる期間のことをいいます。個人の場合は1月から12月までの暦年、法人の場合は年度の期首（決算期間の初日）から年度末（決算期間の最終日）までの一事業年度が課税期間です。「課税事業者」は、この課税期間中に行った取引について、納めるべき消費税を計算して納付します。また、一定の手続きを行うことにより、特例として課税期間を3か月間または1か月間ごとに短く区切ることができます。これを課税期間の短縮といいます。

課税期間の短縮

たとえば多額の設備投資を行った場合など、税金が還付される場合には、この制度の適用を受けると早く還付を受けることができる。ただし、いったん課税期間短縮の手続きを行うと、2年間継続して適用されることになる。申告のために費やす事務負担が増えることになるので、課税期間を短縮するメリットがあるのか、慎重に検討する必要がある。

納税事業者と課税期間

（輸入取引）外国から貨物を輸入した者
（国内取引）事業を行う法人・個人
→ 納税義務者

事業年度が 4/1～3/31の法人の場合	課税期間を 3か月に短縮する届出を行った場合			
4/1 ～ 3/31	4/1～ 6/30	7/1～ 9/30	10/1～ 12/31	1/1～ 3/31
課税期間	課税期間	課税期間	課税期間	課税期間

■ 納税義務が免除されるのはどんな場合か

　国内で事業を行う事業者の中にも、納税義務が免除される場合があります。納税義務が免除されるかどうかは、前々年度の課税売上で判定するということを前述しました。このように、判定の基準となる期間のことを基準期間といいます。

　個人事業者の場合、課税期間は1月から12月までの暦年で区切られます。したがって前々年がそのまま基準期間となります。たとえ基準期間の途中で開業した場合でも、法人のように換算計算などは行いません。

　一方、法人の基準期間は、1年決算法人の場合、その事業年度の前々事業年度です。前々事業年度が1年未満である場合は、その事業年度開始日の2年前から1年間に開始した各事業年度をあわせた期間が基準期間となります。基準期間が1年でない法人の基準期間における課税売上高については、たとえば6か月法人であれば2倍、というように1年分に換算し直して計算します。

　基準期間は免税事業者の判定の他に、消費税額の計算方法のひとつである簡易課税制度適用の可否を判定する場合にも利用します。納税義務の免除に関する説明に戻ります。免税事業者になる場合とは、基準期間中の課税売上高が1000万円以下であ

1年決算法人

会計上の事業年度の期間を1年としている法人のこと。

個人の場合の基準期間

暦年で計算するため、開業以前でも基準期間は存在するが、開業して2年間は、基準期間の課税売上高はゼロで免税という取扱いになる。

る場合です。課税売上高とは、消費税の対象となる収入の合計金額です。なお、基準期間が前々事業年度であるということは、設立したばかりの法人については、基準期間がないということになります。そこで、設立１年目または２年目で基準期間がない法人は、基準期間における課税売上高もないため、免税事業者となります。ただし、例外として課税事業者に該当する場合もありますので、注意が必要です。

免税事業者となった課税期間において、多額の設備投資を行うなど消費税の還付を受ける場合は、届出を提出することにより課税事業者の選択をすることができます。ただし、いったん課税事業者の選択を行うと、２年間は継続して適用されます。課税事業者の選択をする場合には、翌課税期間以降のことも考慮して、慎重に検討する必要があります。

■ 特定期間の課税売上高によって課税事業者となるケース

基準期間の課税売上高が1000万円以下でも、前事業年度開始の日から６か月間の課税売上高が1000万円を超える場合には納税義務は免除されず、課税事業者として取り扱われます。

前事業年度開始の日以後６か月間の期間のことを特定期間といいます。前事業年度が７か月以下である場合は、前々事業年度開始の日以後６か月間が適用されます。

なお、判定の基準については、課税売上高に代えて、支払った給与等の金額の合計額で判定することもできますので、いずれか有利な方法を選択します。

■ 資本金1000万円以上の新設法人は課税事業者となる

資本金が1000万円以上ある新設法人の場合は、納税義務が生じます。新設法人は基準期間がないので、通常であれば免税事業者です。しかし、ある程度の規模の法人については、納税する資金力があるものとみなされ、特別に課税事業者にされてし

事業を相続した個人や分割、合併のあった法人

基準期間の課税売上高に相続前、分割、合併前の売上高が加味される。通常の開業初年度の取扱いとは異なるので、注意が必要である。

例外として課税事業者となるケース

基準期間における課税売上高が1000万円以下であるにもかかわらず、例外として課税事業者となるケースがある。①「特定期間における課税売上高」が1000万円を超える場合や、②基準期間開始の日において「資本または出資の額が1000万円以上の法人」の場合、③「特定新規設立法人」に該当する場合である。

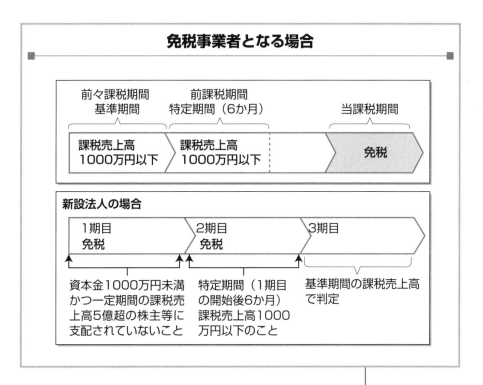

免税事業者となる場合

前々課税期間 基準期間	前課税期間 特定期間（6か月）	当課税期間
課税売上高 1000万円以下	課税売上高 1000万円以下	免税

新設法人の場合

1期目 免税	2期目 免税	3期目
資本金1000万円未満かつ一定期間の課税売上高5億超の株主等に支配されていないこと	特定期間（1期目の開始後6か月）課税売上高1000万円以下のこと	基準期間の課税売上高で判定

まうというわけです。判定のタイミングは、「事業年度開始の日」の状態です。たとえば法人設立時の資本金は1000万円であったが、期中に減資を行い、2年目の期首には資本金が900万円になっていたとします。この場合、1年目は課税事業者ですが、2年目は免税事業者という取扱いになります。

なお、資本金1000万円未満であっても課税事業者となってしまうケースもあります。

■ 資本金1000万円未満の法人が課税事業者になるケース

資本金が1000万円未満の法人は、通常であれば免税事業者ですが、特別に課税事業者となるケースがあります。つまり、資本金が1000万円未満であっても、特定新規設立法人に該当する場合には課税事業者になりますので、注意が必要です。

特定新規設立法人

売上が5億円を超えるような大規模な会社から出資を受けた法人は、納税する余力があるとみなされる。具体的には、次の2つの要件にあてはまる法人である。
① 株主から直接または間接に50％超の株式等の出資を受けているなど、実質的にその株主に支配されている状態であること
② ①の株主またはその株主と一定の特殊な関係にある法人のうち、いずれかの者の当該新規設立法人の基準期間に相当する期間における課税売上高が5億円超であること

課税事業者と免税事業者

課税事業者と免税事業者の有利・不利は、状況によって異なる

■ 免税事業者が有利になる場合

課税事業者と
免税事業者は
どちらが有利か

実際に納付する消費税額だけを考えるのではなく、他に発生するコストなども勘案しながら総合的に判断する必要があるため、一概にどちらが有利だとはいえない。

　課税事業者と免税事業者とでは、一概にどちらが有利とはいえず、あくまでケース・バイ・ケースです。

　また、令和5年10月から導入される適格請求書等保存方式のインボイス制度により、免税事業者の位置づけが大きく変わってきますので、これによっても有利・不利に影響を及ぼすことが考えられます。ここで、免税事業者が有利になる場合と課税事業者が有利になる場合を見てみましょう。

　たとえば、預かった消費税が1,000、支払った消費税が800として、支払った消費税が全額仕入税額控除できるとします。

　課税事業者の場合は、200（＝1,000－800）の消費税を納めることになります。これは、課税所得が赤字で法人税が発生しなかったとしても、消費税を納める必要があります。

　一方、免税事業者の場合には消費税はかかりませんが、預かった消費税は益金、支払った消費税は損金となりますので、仮にこれ以外の課税所得がゼロとした場合に、法人税率を30％とすると、60（＝（1,000－800）×30％）の税金を納めることになり、課税事業者よりも免税事業者の方が有利になるといえます。もし、他の課税所得がマイナス60などの赤字になる場合には、法人税自体も発生しません。

　また、免税事業者は、国に納めるための消費税の計算や申告を行う必要がありませんので、消費税申告書などを作成するコストが節約できるといった点も有利に働くということになります。

課税事業者と免税事業者の消費税負担に関する特徴

免税事業者 ➡
- 消費税の納付が生じない
- 消費税の管理や消費税申告書作成に関するコストが発生しない

課税事業者 ➡
- 預かった消費税よりも支払った消費税の方が大きければ還付が受けられる
- 仕入税額控除の関係で免税事業者よりも課税事業者と取引を行う者が増える可能性がある（インボイス制度導入後）

■ 課税事業者が有利になる場合

　たとえば、預かった消費税が800、支払った消費税が1,000として、支払った消費税が全額仕入税額控除できるとします。

　課税事業者の場合は、マイナス200（＝800−1,000）の消費税となり、消費税の還付を受けることができます。

　一方、免税事業者の場合は消費税の還付を受けることができません。したがって、預かった消費税よりも、支払った消費税の方が多ければ、通常課税事業者の方が有利になります。

　さらに、令和5年10月よりインボイス制度が導入され、仕入税額控除が受けられる適格請求書等は、課税事業者でないと発行ができなくなります。もし、ある商品が課税事業者Aと免税事業者Bで同じ価格で売られていたとすれば、AとBどちらから購入するでしょうか。免税事業者Bから購入した場合には、適格請求書の入手ができないため仕入税額控除が受けられず、その分消費税を多く支払うことになるため、通常は課税事象者Aから購入すると思われます。このように、税金面というよりも、売上獲得の機会の観点から課税事業者の方が有利になるということもいえるのかもしれません。

課税事業者になるための手続き

免税事業者が、課税事象者になるためには、「消費税課税事業者選択届出書」を作成して、納税地を所轄する税務署に提出する必要がある。

免税事業者に戻るための手続き

課税事象者が免税事業者に戻るためには、「消費税課税事業者選択不適用届出書」を作成して、納税地を所轄する税務署に提出する必要がある。

納付税額の計算方法

■ 納付税額の計算方法について

消費税の課税事業者となった場合、課税期間を一単位として納付税額を計算しなければなりません。納付税額の計算方法には、大きく分けて原則課税と簡易課税という2つの方法があります。ここでは、ざっくりと概要だけ見ていきましょう。

・原則課税

消費税の基本的な考え方は、消費者から徴収した税額から事業者自身が負担した税額を控除するというものです。この考え方に即した計算方法が原則課税です。原則課税では、一課税期間中の売上に含まれる消費税額から、仕入に含まれる消費税額を控除した残額が納付税額となります。課税取引に分類される売上と仕入をそれぞれ集計し、それぞれに含まれる消費税額を計算するというイメージです。

なお、この場合の売上、仕入とは、帳簿上に記載された勘定科目名に関係なく、消費税の計算の対象となるような収入、支出をいいます。つまり営業外の収入や、資産の購入・売却なども該当するということです。そのため、日々の経理処理において消費税計算を見据えた課税取引の管理を行っていく必要があります。

・簡易課税

簡易課税は文字どおり簡易に省略した計算方法です。基準期間における課税売上高が5000万円以下である課税事業者に対し、選択により簡易課税を適用することができます。

一般的に、仕入に対する消費税額を計算するのは、非常に煩

原則課税と簡易課税の計算方法

●原則課税方式

事業者の支払う 消費税の納付税額	＝	売上に含まれる 消費税額	－	仕入に含まれる 消費税額

●簡易課税方式

事業者の支払う 消費税の納付税額	＝	売上に含まれる 消費税額	－	みなし仕入率の 仕入控除税額

※簡易課税方式は基準期間における課税売上高が 5000 万円以下の事業者が対象
業種ごとの「みなし仕入率」の割合は以下の通り
第 1 種事業 (卸売業) : 90%　　第 2 種事業 (小売業) : 80%　　第 3 種事業 (製造業等) : 70%
第 4 種事業 (その他の事業) : 60%　　第 5 種事業 (サービス業等) : 50%
第 6 種事業 (不動産業) : 40%

※令和元年 10 月 1 日を含む課税期間 (同日前の取引は除く) から、第 3 種事業である農業、
林業、漁業のうち消費税の軽減税率が適用される飲食品の譲渡を行う事業を第 2 種事業とし、
そのみなし仕入率は 80% (従来は 70%) が適用されている。

雑です。なぜなら、仕入や経費など一つひとつの取引を、課税、非課税などと分類することは、非常に地道で手間がかかる作業が必要となるからです。

そこで、卸売業、小売業、製造業、サービス業など業種別に大まかな「みなし仕入率」をあらかじめ定めておきます。みなし仕入率とは、売上のうちに仕入が占める割合をいいます。売上にこの「みなし仕入率」を掛けた仕入控除税額を、売上に含まれる消費税額から控除することで納付税額を計算するという方法が簡易課税となります。実際の課税仕入の金額を計算する必要がないため、計算が簡単にすみます。中小企業や個人経営者のような小規模事業者の事務負担を減らす配慮からできた制度といえます。

> **簡易課税**
>
> 簡易課税は、原則課税に比べて消費税の計算が簡便になるというメリットがあるが、業種によって適用できるみなし仕入率が異なり、実際の仕入率がみなし仕入率よりも大きい場合には、原則課税の方が納める消費税が少なく有利になるため、いずれの制度を選択するかは慎重に行う必要がある。

高額特定資産を取得した場合の特例

・・

1単位当たり税抜1,000万円以上の棚卸資産、または調整対象固定資産が高額特定資産にあたる

■ 高額特定資産とは

課税期間の基準期間における課税売上高が1,000万円以下の場合では、基本的には免税事業者として消費税の納税義務がありません。しかし、簡易課税制度の適用を受けない課税事業者が、高額特定資産の仕入等を行った日の属する課税期間の基準期間における課税売上高が1,000万円以下となった場合には、当該高額特定資産の仕入年度の翌期及び翌々期の課税期間は、消費税が免税されずに課税事業者としての原則課税が強制され、さらには簡易課税制度の適用ができなくなります。

高額特定資産の仕入等を行った日の属する課税期間の基準期間における課税売上高が1,000万円以下となった場合には、「高額特定資産の取得に係る課税事業者である旨の届出書」を納税地を所轄する税務署に提出する必要があります。

高額特定資産とは、1単位当たり税抜1,000万円以上の棚卸資産、または調整対象固定資産です。調整対象固定資産とは、1単位当たり税抜100万円以上の一定の固定資産です。消費税が非課税となる土地などは除かれます。

また、このうち自己建設高額特定資産（他の者との契約に基づき、またはその事業者の棚卸資産もしくは調整対象固定資産として、自ら建設等をした高額特定資産）については、当該自己建設高額特定資産の建設等に要した仕入等の支払対価の額の累計額が1,000万円以上となった日の属する課税期間の翌課税期間から、当該建設等が完了した日の属する課税期間の初日以後3年を経過する日の属する課税期間までの各課税期間におい

この特例が設けられた理由

この特例は、簡易課税制度を適用していた事業者が高額特例資産を購入した課税期間では原則課税を適用して消費税の還付を受け、そしてその翌課税期間では有利な簡易課税制度に戻ることで、消費税の納税を不当に抑えることを防止するために設けられたものである。

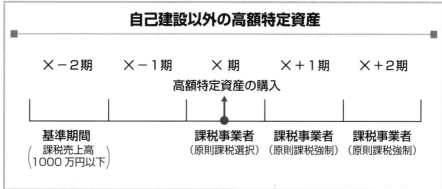

自己建設以外の高額特定資産

| ×−2期 | ×−1期 | ×期 | ×+1期 | ×+2期 |

高額特定資産の購入

| 基準期間
（課税売上高
1000万円以下） | | 課税事業者
（原則課税選択） | 課税事業者
（原則課税強制） | 課税事業者
（原則課税強制） |

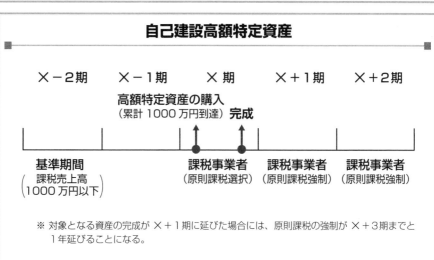

自己建設高額特定資産

| ×−2期 | ×−1期 | ×期 | ×+1期 | ×+2期 |

高額特定資産の購入
（累計1000万円到達）**完成**

| 基準期間
（課税売上高
1000万円以下） | | 課税事業者
（原則課税選択） | 課税事業者
（原則課税強制） | 課税事業者
（原則課税強制） |

※ 対象となる資産の完成が ×＋1期に延びた場合には、原則課税の強制が ×＋3期までと
1年延びることになる。

ては、課税事業者となることが強制され、同期間の簡易課税制
度の適用ができなくなります。つまり、仕入額が1,000万円に
達した時期と完了した時期が同一の課税期間であればその翌期
以降の2年間が課税事象者の原則課税が強制されますが、仮に
完了時期が1期後ろにずれた場合には、さらに原則課税の強制
が1年延びて3年間になるということです。

輸出や輸入取引の場合の取扱い

国際取引の取扱いを理解する

■ 輸出や輸入取引をした場合にはどうなるのか

　ここでは輸出や輸入取引をした場合の消費税の取扱いについて見ていきましょう。

① 輸出取引をした場合

　国内から物品を輸出したときのように、消費者が外国に存在する場合でも、「課税取引」としての要件を満たすのであれば、原則として「課税取引」です。しかし、消費税は日本国内における消費者が負担するものであって、外国の消費者には課すべきではありません。そこで、外国の消費者への取引を課税対象から除外するため、「課税取引」のうち輸出取引等に該当するものについては、免税取引（免税売上）として消費税が課されないことになっています。これらの取引は一般的に０％課税（税率０％の消費税を課税する取引のこと）といわれます。免税となる輸出取引等に該当するための要件は、以下の４つです。

ⓐ　国内からの輸出として行われるもの

ⓑ　国内と国外との間の通信や、郵便、信書便

ⓒ　非居住者に対する鉱業権、工業所有権（産業財産権）、著作権、営業権等の無形財産権の譲渡または貸付

ⓓ　非居住者（外国人）に対する役務提供で、国内で直接享受しないもの

　なお、消費税は直接輸出を行う段階で免除されるため、輸出物品の下請加工や、輸出業者に商品を国内で引き渡した場合などについては、免税の対象にはなりません。つまり輸出業者の立場から見れば、輸出にかかった費用について消費税が課税さ

輸出取引の範囲

ⓐ日本からの輸出として行われる資産譲渡または貸付

ⓑ外国貨物の譲渡または貸付

ⓒ国際旅客、国際運輸、国際通信、国際郵便及び国際間の信書

ⓓ船舶運航事業者等に対して行われる外航船舶等の譲渡もしくは貸付等

ⓔ国際運輸に使用されるコンテナーの譲渡もしくは貸付等

ⓕ外航船舶等の水先、誘導等の役務の提供

ⓖ外国貨物の荷役、運送、保管等の役務の提供

ⓗ非居住者に対する鉱業権、産業財産権（工業所有権）、著作権などの譲渡または貸付

ⓘⓐ～ⓗの他、非居住者に対する役務の提供で次に掲げるもの以外のもの

　ⓘ国内に所在する資産に関する運送または保管

　ⓡ国内における飲食または宿泊

　ⓗ及びⓡに掲げるものと同様の取引で、国内において直接利益を受けるもの

輸出と消費税

> 輸出取引には消費税はかからない 国際間における二重課税を排除するため

ポイント

免税取引は、税率0%の消費税の課税取引。0%のため、実質的に消費税はかからないが、課税売上高を計算するときは、課税売上高に含めて計算する

れるということになります。この輸出業者が負担した消費税分については、申告により還付されることになります。

なお、上記の他、免税店のような輸出物品販売場を経営する事業者が、外国人旅行者などの非居住者に対して、通常の生活用品等を一定の方法で販売する場合にも消費税が免除されます。

② **輸入取引をした場合**

輸入取引をした場合、外国から輸送された外国貨物の輸入許可が下りるまで保管される場所のことを「保税地域」といいます。外国から輸入された外国貨物は、保税地域から通関業務を経て国内へ引き取られます。

保税地域から外国貨物を引き取った者については、事業者であるかどうかは関係なく、納税義務者となります。たとえば一般の人が、自分用に個人輸入を行った場合であっても、消費税を納める義務が生じるということです。

また、「保税地域から引き取られる外国貨物」は、国内で消費されるものとして消費税が課されます。

非課税の輸入取引

以下のⓐ〜ⓖについては、その性格上課税することが適当でない、または福祉や教育など社会政策的な観点により課税すべきではないという理由から、非課税の輸入取引となる。ⓐ有価証券等、ⓑ郵便切手類、ⓒ印紙、ⓓ証紙、ⓔ物品切手等、ⓕ身体障害者用物品、ⓖ教科用図書

消費税額の算定

預かった消費税から支払った消費税を控除するのが原則

各取引段階における「税の累積を排除する」という考え方に基づいた計算方法。消費税を計算するためには、「徴収した消費税額」と「負担した消費税額」の2つの要素が必要になる。徴収した消費税額を計算するために、まずは税率を掛ける基礎となる金額（税抜きの課税売上高のこと）。課税標準額）を算出する。

たとえば会社の保有資産を売却した場合、その資産が課税資産であれば、譲渡対価が課税標準額に含まれる。個人事業者が自分で使用した棚卸資産や、会社の役員が会社からもらった資産は、「みなし譲渡」として一定金額が課税標準に含まれる。土地付建物を売却した場合など、非課税資産と課税資産を一括で譲渡した場合は、合理的な計算で課税部分を区別する必要がある。

決算の段階で過去に遡って処理をすると、ミスもしがちになるので、課税、非課税の分類は早めに済ませておくとよい。

■ 原則課税方式とはどのような計算方法か

事業者が納付する消費税額は、課税期間中に消費者から徴収した消費税から、事業者自身が負担した消費税額を差し引いて計算します。このような消費税の計算方法を原則課税方式といいます。一方、負担した消費税額を計算するためには、課税仕入に含まれる消費税額を計算します。この消費税額が課税仕入等（特定課税仕入も含む）に対する消費税額となります。

消費税額は、課税標準額に税率を掛けたものから、課税仕入等に対する消費税額を控除して計算します。

ここからは、原則課税方式について見ていきましょう。

■ 課税標準額を求める

課税標準額は、課税売上高の税抜にした金額となります。つまり、課税期間中の収入のうち課税取引に該当するものを集計し、最後に税抜に換算したものが課税標準額ということです。課税期間の末日までに対価の額が確定していないときは、同日の現況によりその金額を適正に見積もることになります。

課税標準額を計算するときに注意しなければならないのは、課税売上に該当するのかどうかの判定です。本業による売上以外にも課税収入があれば、課税標準に含めなければなりません。

また、輸入取引の課税標準は、関税課税価格（通常はC.I.F価格）に、関税及び個別消費税額を合計した金額となります。

この場合の個別消費税には、その課税貨物の保税地域からの引取りに関する酒税、たばこ税、揮発油税、石油石炭税、石油

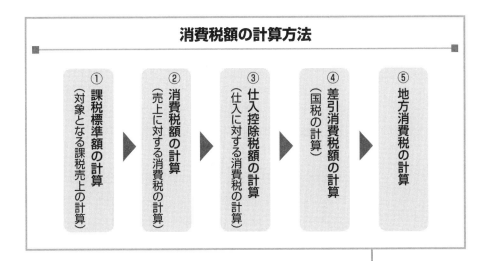

消費税額の計算方法

① 課税標準額の計算（対象となる課税売上の計算）
→ ② 消費税額の計算（売上に対する消費税の計算）
→ ③ 仕入控除税額の計算（仕入に対する消費税の計算）
→ ④ 差引消費税額の計算（国税の計算）
→ ⑤ 地方消費税の計算

ガス税等があります。

■ 消費税額を求める

　課税標準額に、税率を掛けて、消費税額が算出されます。この金額を、「課税標準額に対する消費税額」といいます。ここでの税率は地方消費税を含めません。軽減税率などで税率が複数ある場合には、対応する課税標準もそれぞれの税率ごとに集計することになります。地方消費税は、課税標準額に対する消費税額に、次で説明する仕入控除税額等を控除した差引税額に地方消費税率の割合（地方消費税率／前述の国税分の消費税率）を掛けて算出されます。

■ 仕入控除税額を計算する

　課税期間中に行った課税仕入の合計金額を把握する必要があります。課税仕入には、仕入、経費以外に、固定資産の譲渡や貸付を行った場合も該当します。このような課税期間中のすべての支出に関する取引を、課税、非課税、消費税対象外のいずれかに分類した上で、課税に分類された取引の税込金額を集計

C.I.F価格

輸入港到着価格で商品価格に輸入港に到着するまでに要する通常の運賃、保険料が含まれる。

税率

令和元年10月以降は標準税率が7.8%、軽減税率が6.24%である。

地方消費税率の割合

令和元年10月以降は22/78である。

課税仕入等に対する消費税額

国内における仕入による消費税と税関から輸入貨物を引き取った時に関する輸入消費税がある。国内における仕入や経費といっしょに負担した消費税のことを仕入控除税額という。

します。税率が10%（国税7.8％、地方税2.2％）の場合、課税仕入の合計金額に110分の7.8を掛けた金額が「仕入控除税額」です。たとえば課税仕入の合計が1,100,000円であった場合、仕入控除税額は1,100,000×7.8／110＝78,000円となります。これは最も基本的な仕入控除税額の計算方法です。実際はこれにさまざまな調整計算が加わります。

■ 非課税売上のために行った仕入で負担した消費税

　非課税売上の場合、最終消費者は消費税を負担しません。したがって仕入により事業者が負担した消費税については、最終消費者へ税の「転嫁」はされません。そのため、非課税売上のための仕入に対する消費税額については、実は仕入を行った事業者が負担することになります。

　では、除外する金額はどのようにして計算するのでしょうか。まずは、「課税売上割合」を計算するところからはじまります。

　非課税売上・課税売上・免税売上の合計金額のうち課税売上の占める割合を、課税売上割合といいます。現実的に考えると、単純に非課税売上のための課税仕入だけを抽出することは困難であるため、便宜上割合を使って計算するというわけです。

　なお、課税売上割合が95％以上である場合、非課税売上はないものとみなされ、課税仕入に対する消費税額は全額控除することができます。ただし、課税売上高5億円超の大規模事業者は、課税売上割合が95％以上の場合でも、課税仕入に対する消費税額は全額控除できません。

■ 課税売上割合が95％未満の事業者、及び課税売上高 5億超かつ課税売上割合95％以上の事業者について

　非課税売上のための課税仕入にかかった税額は、仕入控除税額から除外します。その計算方法は、①個別対応方式、②一括比例配分方式の2つがあります。

① 個別対応方式

　課税仕入を⑦課税売上に対応する課税仕入、⑩非課税売上に対応する課税仕入、⑪課税売上・非課税売上共通の課税仕入、の3つに分類します。分類できる課税仕入は極力分類して計算するということです。⑦に含まれる消費税額は全額仕入控除税額となります。⑩に含まれる消費税額については全額仕入控除税額の対象外となります。⑪に含まれる消費税額は、課税売上割合に応じた金額が仕入控除税額となります。つまり、仕入控除税額の計算は以下のようになります。

　仕入控除税額＝⑦×7.8／110＋⑪×7.8／110×「課税売上割合」

② 一括比例配分方式

　課税仕入に対する消費税額全額に、課税売上割合を掛けて仕入控除税額を計算する方法です。仕入控除税額の計算は以下のようになります。

　仕入控除税額＝課税仕入に対する消費税額×7.8／110×「課税売上割合」

　課税仕入を分類する必要がないため、①より簡便な方法だといえます。ただし、一度選択すると2年間継続して適用しなければなりません。

■ 調整対象固定資産の調整計算について

　税抜100万円以上の一定の固定資産（調整対象固定資産）を購入した場合には、以下のような特例があります。

・課税売上割合が著しく増減する場合の仕入控除税額の調整

　課税売上割合の変動が激しい時期に、高額の固定資産を購入した場合、仕入控除税額にも大きく影響します。割合が通常よりも高ければ得するものの、低ければ損をするというわけです。この課税の不公平感を解消するため、調整対象固定資産を購入し、その購入年度を含んだ向こう3期分の通算課税売上割合が、購入年度の課税売上割合と比較して著しく増加または減少した

著しい増加または減少

購入年度の課税売上割合が低かった場合は加算、高かった場合は減算の調整を行う。「著しい増加または減少」とは、通算課税売上割合が購入年度の課税売上割合と比較して増減率が50％以上あり、かつ増減差が5％以上ある場合である。ただし、3期目の課税期間の末日にその調整対象固定資産を保有していることが必要である。

ときは、その３期目の課税期間で、調整対象固定資産の消費税額に課税売上割合の増減差を掛けた額について仕入控除税額の調整をします。

この仕入控除税額を調整できる場合は、原則課税方式を選択しており、一括比例配分方式で消費税を計算している場合、または仕入控除税額が全額控除できる場合に適用できます。

・調整対象固定資産の転用による仕入控除税額の調整

調整対象固定資産の購入日から３年以内に、課税業務用から非課税業務用にあるいは非課税業務用から課税業務用に転用したときは、転用した日の属する課税期間の仕入に対する消費税額から、その転用した日までの期間に応じた一定の消費税額を増減させる方法により調整します。

■ 返品や値引き、貸倒れの取扱いについて

売上の返品や値引きを行った場合、課税売上であれば消費者への代金の返還も消費税込で行います。この返還した部分の消費税は、仕入控除税額と同様、事業者が納付すべき消費税から控除することができます。値引き、返品のことを消費税法上売上対価の返還等といいます。得意先の倒産等の理由で、売掛金等が回収できなくなることを貸倒れといいます。貸倒れ部分に含まれる消費税分も、売上対価の返還等と同様に控除することができます。

■ 消費税額の調整や端数処理について

消費税の計算を行う場合、課税標準額、課税仕入に対する消費税額、差引税額の各段階で端数処理を行います。この端数計算の方法について見ていきます。課税標準額は、課税売上高の税抜価格を求めた後に千円未満の端数を切り捨てて計算します。

課税仕入に対する消費税額、売上対価の返還等に対する消費税額、貸倒れに対する消費税額の計算を行う場合、それぞれで発生した１円未満の端数については、切り捨てて計算します。

調整対象固定資産の具体例

これまで課税売上獲得のため（課税業務用）に使用していた調整対象固定資産を非課税売上獲得のため（非課税業務用）に転用した場合には、納付する消費税額を増加させる調整を行う。逆に、非課税業務用の調整対象固定資産から課税業務用に転用した場合には、納付する消費税額を減少させる調整を行う。

量販店などの特例

量販店など、少額、大量の取引を行う小売業者を念頭に制定された課税標準額の計算方法に関する特例制度。レジシステムの都合上、代金受領の都度端数処理を行うというものである。

個別対応方式と一括比例配分方式

◆個別対応方式

課税期間中の課税仕入に対する消費税額のすべてを次のように区分する

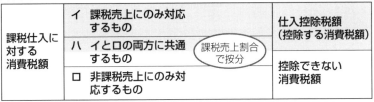

課税仕入に対する消費税額	イ 課税売上にのみ対応するもの		仕入控除税額（控除する消費税額）
	ハ イとロの両方に共通するもの	課税売上割合で按分	
	ロ 非課税売上にのみ対応するもの		控除できない消費税額

次の算式により計算した仕入控除税額を、課税期間中の課税売上に対する消費税額から控除する

仕入控除税額 ＝ イの消費税額 ＋ （ハの消費税額×課税売上割合）

◆一括比例配分方式

課税仕入に対する消費税額	課税期間中の課税仕入に対する消費税額	課税売上割合で按分	仕入控除税額（控除する消費税額）
			控除できない消費税額

次の算式により計算した仕入控除税額を、課税期間中の課税売上に対する消費税額から控除する

仕入控除税額 ＝ 課税仕入に対する消費税額 × 課税売上割合

差引税額の計算を行う場合、課税標準額に対する消費税額から課税仕入等に対する消費税額を控除した後、その残額に100円未満の端数があるときは、端数を切り捨てて計算します。中間納付税額も100円未満の端数を切り捨てて計算します。

■ 帳簿等を保存する

事業者は、課税仕入等に対する消費税額の控除を受けるためには、原則として帳簿及び事実を証明する請求書等の両方を保存しなければなりません。これらの帳簿及び請求書等は、7年間保存することになっています。

青色申告書を提出している法人

欠損金が生じている事業年度がある場合には、法人税法により10年間保存が必要であることに留意が必要である。

簡易課税制度

• •

みなし仕入率を利用した簡便な計算方法である

■ 簡易課税制度とは

**高額特定資産を
取得した場合**

一定期間簡易課税制度
の選択自体ができなく
なる場合がある。

簡易課税制度とは、消費税の計算をより簡便な方法で行うことのできる制度です。課税仕入に対する仕入控除税額を、「みなし仕入率」を利用して売上から概算で計算するというのが、原則課税方式と異なる点です。簡易課税制度を採用した場合、課税仕入、非課税仕入の分類、課税売上割合の計算、課税仕入の売上と対応させた分類をする必要がありません。

この制度は、「基準期間における課税売上高」が5000万円以下である事業者にのみ適用されます。ただし、事業者の届出による選択適用であるため、「簡易課税制度選択届出書」を税務署へ提出しておく必要があります。届出を提出すると、翌事業年度から簡易課税制度が適用されます。簡易課税制度選択届出書は、不適用届出書を提出しない限り、その効力は失われないため、適用の途中で基準期間における課税売上高が5000万円を超えたり、免税事業者になっても、その後の基準期間において課税売上高が5000万円以下の課税事業者になれば、簡易課税制度の適用を受けることになります。

簡易課税制度は、一度選択すると2年間継続適用されるので、翌期の納付税額のシミュレーションなどを行い、原則課税方式と比較検討する必要があります。

■ 簡易課税制度ではどのように消費税を計算するのか

簡易課税制度では、売上に対する消費税のうち何割かは仕入控除税額として控除すべき金額が占めているという考え方をし

業種ごとのみなし仕入率

第1種事業	卸売業（みなし仕入率90％）
第2種事業	小売業（みなし仕入率80％）
第3種事業	農業・林業・漁業・鉱業・建設業・製造業・電気業・ガス業・熱供給業・水道業（みなし仕入率70％）（※）
第4種事業	第1種〜第3種、第5種及び第6種事業以外の事業たとえば飲食店業等（みなし仕入率60％）
第5種事業	第1種〜第3種以外の事業のうち、運輸通信業・金融業・保険業・サービス業（飲食店業に該当するものを除く）（みなし仕入率50％）
第6種事業	不動産業（みなし仕入率40％）

※食用の農林水産物を生産する事業は、消費税の軽減税率が適用される場合において、第2種事業としてみなし仕入率が80％となる。

ます。仕入控除税額が占めている割合は、売上のうちに仕入が占める割合と一致しているとみなして、業種ごとにみなし仕入率が定められています。この「みなし仕入率」を課税標準額に対する消費税額に掛けることにより仕入控除税額を算出するという方法です。具体例を挙げて見てみましょう。

たとえば卸売業を営む場合、みなし仕入率は90％です。業種ごとのみなし仕入率については上図を参考にしてください。課税売上高が税抜2000万円の場合、納付税額はどうなるのでしょうか。税率が10％であるとすると、課税売上に対する消費税額（便宜的に地方消費税も含む）は、2000万円×10％＝200万円です。次に、仕入控除税額（便宜的に、課税売上の場合と同様に地方消費税も含む）ですが、これを課税売上の90％とみなして計算することができるわけです。控除仕入税額は、2000万円×10％×90％＝180万円となります。したがって、差引納付税額は、200万円－180万円＝20万円となります。

仕入控除税額の計算

課税売上がどの業種に属するかを分類するだけでよいということになる。

簡易課税制度を選択する事業者

申告の事務手数がかなり簡略化されるため、事業者によっては、原則課税方式と比較して多少不利な結果になったとしても、選択する事業者もいる。

■ 簡易課税制度はどんな取引に適用されるのか

　仕入控除税額が多くなると、当然納める税額が少なくなります。つまり納税者に有利な結果ということです。簡易課税制度を選択した方が有利になる場合とは、実際の仕入率よりみなし仕入率の方が大きい場合です。

簡易課税制度を
選択した方が有利
になる場合

仕入率の比較的低い業
種や、人件費など課税
対象外の経費が多い業
種であれば、簡易課税
制度を適用した方が有
利である。

■ 複数事業の場合のみなし仕入率の計算方法

　簡易課税制度を選択した事業者が複数の事業を営んでいる場合には、課税売上に対する消費税額を業種ごとに分類し、みなし仕入率を以下のように計算するのが原則的な方法です。

> （第1種事業に対する消費税額×90％＋第2種事業に対する消費税額×80％＋第3種事業に対する消費税額×70％＋第4種事業に対する消費税額×60％＋第5種事業に対する消費税額×50％＋第6種事業に対する消費税額×40％）／全売上に対する消費税額の合計

　ただし、1種類または2種類の業種で課税売上高の75％以上を占めるような場合は、例外として、以下の簡便法によりみなし仕入率を計算することもできます。

　1種類の事業で課税売上高の75％以上を占めている事業者は、その業種のみなし仕入率を全体に適用できます。

　3種類以上の事業を営む事業者で、そのうち2種類の事業で課税売上高の75％以上を占めている場合は、その2事業のうちみなし仕入率の高い方の事業の課税売上高については、その高いみなし仕入率を適用し、それ以外の課税売上高については、その2事業のうち低い方のみなし仕入率をその事業以外の課税売上に対して適用できます。複数の事業を営む事業者が、事業ごとの課税売上高を区分していない場合は、最も低いみなし仕入率を全体に適用して計算します。

数値例

	課税売上高(税抜)	売上の割合	消費税
卸売業(第1種事業)	250,000	62.5%	25,000
小売業(第2種事業)	120,000	30.0%	12,000
製造業(第3種事業)	30,000	7.5%	3,000
合計	400,000	100.0%	40,000

■ 複数事業の場合のみなし仕入率の計算例

① 原則的な方法

以下のように算出します。

みなし仕入率＝（25,000×90％＋12,000×80％＋3,000×70％）÷40,000＝85.5%

② 例外

上記の数値例では、卸売業と小売業の2種類の事業で売上の占める割合が75％以上（62.5%＋30.0%＝92.5%）であるため、次の方法でみなし仕入率を計算することができます。

2種類の事業のうち、みなし仕入率は卸売業90%＞小売業80%のため、卸売業に対する消費税25,000ではみなし仕入率90%を使用します。また、残りの事業の小売業及び製造業に対する消費税15,000（＝12,000＋3,000）ではみなし仕入率80%を使用します。

みなし仕入率＝（25,000×90％＋15,000×80％）÷40,000＝86.25%

③ 事業者が事業ごとに課税売上高を区分していない場合

上記の数値例のうち、仮に製造業（第3種事業）の部分が「その他」として、事業の区分をしていなかったとします。その場合には、区分していない部分である課税標準の合計額30,000に対する消費税額に適用するみなし仕入率は、第2種事業の80%となります。

消費税法上の特例

• •

国、地方公共団体等に対する特例もある

■ どんな特例があるのか

　国等の事業活動には特殊な面が多いことから、消費税法上もいくつかの特例が設けられています。国等の特例には、①資産の譲渡等の会計単位の特例、②納税義務の成立時期の特例、③申告期限の特例、④特定収入に対する仕入税額控除の特例、と大きく分けて４つあります。以下、見ていきましょう。

① 資産の譲渡等の会計単位の特例

　一般企業では、複数の業種を営む場合も会計はひとつです。一方、国や地方公共団体の会計は、その財源や事業ごとに分かれている場合があります。このような、特別に独立した会計のことを特別会計といいます。これに対して、その他の運営全般を受け持つ会計（一般会計）も存在します。国または地方公共団体は、特別会計、一般会計ごとに一法人が行う事業とみなして消費税法の規定を適用するというのが、会計単位の特例です。

② 納税義務の成立時期の特例

　納税義務の成立時期は、原則的には「引渡し」等を行った日です。しかし、国または地方公共団体が行った資産の譲渡等または課税仕入等の時期については、企業会計のような発生主義ではなく、現金主義的な処理が行われる場合などがあることから、その対価を収納すべきまたは支払いをすべき「会計年度の末日」に行われたものとすることができます。

③ 申告期限の特例

　国または地方公共団体の特別会計の申告書の提出期限は、課税期間終了後３月から６月までの範囲で定められています。国

国等の事業活動

国、地方公共団体、公共・公益法人などは、公共性が強く、営利目的の一般企業とは性質が少し異なる。たとえばその活動に法令上の制約がある場合や、助成金などの資金を得て活動している場合もある。

国または地方公共団体の一般会計

課税標準額に対する消費税額と仕入控除税額が同額であるとみなされるため、申告、納税義務はない。税務署から承認を受けた一定の公益法人や公共法人等の申告書の提出期限は、６か月以内でその承認を受けた期限内となる。

消費税法上の特例

特　例	国・地方公共団体		公共法人・公益法人等	人格のない社団等
	一般会計	特別会計		
会計単位の特例	適用	適用	－	
納税義務の成立時期の特例	適用	適用	承認必要	－
申告期限の特例	申告義務なし	適用	承認必要	－
特定収入に対する仕入税額控除の特例	課税標準額に対する消費税額と同額とみなす	適用	適用	適用

については課税期間終了後5か月以内、地方公共団体については課税期間終了後6か月以内、地方公共団体が経営する企業については課税期間終了後3か月内です。

①〜③は、少し特別な事情のある法人に関する特例といえます。これに対して④の特例は、国または地方公共団体の特別会計、学校法人、社会福祉法人等の公益法人や公共法人等に加えて、NPO法人のような「人格のない社団等」に関しても適用される特例です。特例の内容については、以下で見ていきましょう。

■ 特定収入に対する仕入税額控除の特例とは

特定収入に対する仕入税額控除の特例とは、仕入控除税額のうち、寄附金や助成金など一定の「不課税取引」に対応した部分については控除の対象から除外するというものです。

特例の内容としては、仕入控除税額を調整するというものです。一定の「不課税取引」による収入を「特定収入」といいます。

特定収入とは、「課税売上」「免税売上」「非課税売上」以外の収入、つまり不課税取引による収入をいいます。たとえば、租税・補助金・交付金・寄附金・出資に対する配当金・保険金・

特定収入に対する仕入税額控除の特例

ボランティア活動を行うNPO法人が寄附金を集めて食品を購入し、災害地へ配布したとする。受け取った寄附金は「不課税取引」なので消費税の課税対象外である。一方、購入した食品代は課税仕入であるため仕入税額控除の対象となる。寄附金以外に収入がなかったとすると、通常の計算方法の場合食品代に対する消費税相当分は還付される。寄附を受け取って購入した分の税金が還付されるのでは、課税に不公平が生じてしまう。また、ボランティアのような事業活動の場合、販売先は存在しないため、食品代に含まれる消費税は、最終消費者である当団体が負担すべきものだともいえる。このような制度上の不都合を解消するために特定収入に対する仕入税額控除の特例が設けられた。

損害賠償金・経常会費・入会金などが特定収入に該当します。

　ただし、借入金（補助金等で返済される規定があるもの以外）・出資金・預貯金及び預り金・貸付回収金・返還金及び還付金、非課税仕入や人件費などに使用されることが明らかな収入の他、政令で定める一定の収入は、特定収入に該当しません。

■ 特定収入がある場合の消費税はどうなるのか

　「特定収入割合」が5％超であった場合、仕入控除税額は、通常の課税仕入等の税額から特定収入を原資とする課税仕入等の税額を差し引いて調整します。

　特定収入に対する課税仕入等の税額については、特定収入はすべて課税仕入を行う目的で使用したものとして、「特定収入」×7.8／110に相当する金額とします。

　この特定収入についてですが、法令や交付要綱などで交付目的が明らかにされているものもありますが、中には用途が明らかにされていないものもあります。用途が明らかにされていないということは、事業者側は必ずしも課税仕入を行うために使用するとは限りませんので、収入すべてを調整対象にしてしまうと実態とは合わなくなってきます。

　このような使途不特定の特定収入がある場合は、課税仕入のうち収入に応じた一定の割合（調整割合）分だけ、その使途不特定の特定収入を購入資金として課税仕入を行ったとみなして調整計算を行います。

　調整割合は、「使途不特定の特定収入」／（税抜課税売上高＋非課税売上高＋免税売上高＋使途不特定の特定収入）となります。

■ 特定収入割合や課税売上割合との関係で気をつけること

　課税売上割合が95％未満で簡易課税制度を選択していない事業者の場合、仕入税額控除の計算方法は個別対応方式または一括比例配分方式となります。①個別対応方式または②一括比例

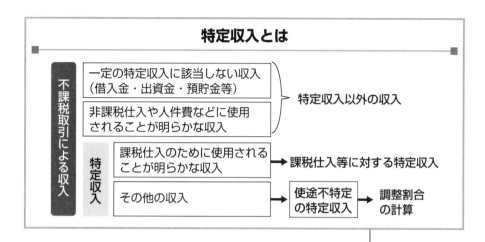

配分方式が採用された場合、特定収入に対する調整金額についても課税売上割合を対応させる必要があり、計算方法は以下のようになります。

① 個別対応方式

使途が特定されている特定収入を、㋑「課税売上のためにのみ要する課税仕入に対する特定収入」、㋺「課税売上と非課税売上に共通して要する課税仕入に対する特定収入」に分類します。

調整金額は、㋑×7.8／110＋㋺×7.8／110×「課税売上割合」＋（「調整前の課税仕入に対する消費税額」－㋑・㋺）×「調整割合」となります。調整前の課税仕入に対する消費税額とは、個別対応方式により通常通り課税仕入を分類して計算した金額です。

② 一括比例配分方式

特定収入に対する課税仕入についても一括で課税売上割合を乗じて計算します。調整金額は、㋑課税仕入に対する特定収入×7.8／110×課税売上割合と㋺（調整前の課税仕入に対する消費税額－㋑）×調整割合との合計額となります。調整前の課税仕入に対する消費税額とは、通常の一括比例配分方式により計算した金額です。

税込経理方式と税抜経理方式の違い

∙∙

消費税額を売上額に含めるかどうかという違いがある

■ 消費税の会計処理方式にはどんなものがあるのか

消費税の会計処理方式には「税込経理方式」と「税抜経理方式」があります。税込経理方式とは、帳簿上本体価格と消費税額を含めた額で取引を表示する方法です。

税抜経理方式とは、帳簿上本体価格と消費税額を「仮受消費税等」と「仮払消費税等」に都度分けて表示する方法です。消費税「等」には、地方消費税が含まれています。

税込経理方式による会計処理は以下のとおりです。

（売掛金）　　　 220,000 ／（売上）　　　　　 220,000
（仕入）　　　　 110,000 ／（買掛金）　　　　 110,000

税抜経理方式による会計処理は以下のとおりです。

（売掛金）　　　 220,000 ／（売上）　　　　　 200,000
　　　　　　　　　　　　　　（仮受消費税等）　 20,000
（仕入）　　　　 100,000 ／（買掛金）　　　　 110,000
（仮払消費税等）10,000

期末において、納付すべき消費税額を計算したときの会計処理は、それぞれ次のようになります。

税込経理方式の場合は、納付すべき消費税額として計算された金額をそのまま「租税公課」として計上します。納付すべき消費税額が上記の消費税10,000（＝20,000－10,000）のみであった場合、課税期間の消費税として以下の仕訳を行います。

（租税公課）　　 10,000 ／（未払消費税等）　 10,000

税抜経理方式の場合、期末における「仮受消費税等」と「仮払消費税等」については、反対仕訳を行い、差額を納付すべき

税込経理方式と税抜経理方式

| 税込経理方式 | | 消費税負担額を売上や仕入の中に含める |

| 税抜経理方式 | | 消費税負担額を売上や仕入の中に含めずに別に処理を行う |

消費税額として、「未払消費税等」に振り替えます。前ページと同様の消費税額とすると、以下の仕訳になります。

（仮受消費税等）20,000 ／（仮払消費税等）　10,000
　　　　　　　　　　　　（未払消費税等）　10,000

■ 端数処理はどうするのか

　税抜経理方式を採用した場合、期中の取引における「仮受消費税等」「仮払消費税等」には通常は端数が出ます。一方、実際に納付すべき消費税は百円未満切捨であるため、「仮受消費税等」と「仮払消費税等」の差額とは合致しません。この差額は雑収入または雑損失（不課税取引）として精算してしまい、翌期首の「仮受消費税等」「仮払消費税等」の残額はゼロになるようにします。消費税額を計算したときの税抜経理方式による会計処理は以下のようになります。

　たとえば、消費税精算処理前の「仮受消費税等」残高612,345円、「仮払消費税等」残高312,000円、納付すべき消費税額が30万円であった場合、仕訳は以下のようになります。

（仮受消費税等）　612,345 ／（仮払消費税等）　312,000
　　　　　　　　　　　　　　　（未払消費税等）　300,000
　　　　　　　　　　　　　　　（雑収入）　　　　　　345

インボイス制度

■ 区分記載請求書等と適格請求書等

　令和元年10月以降は、軽減税率8％と標準税率10%が併存することになったため、経理上は主に請求書等の記載内容や会計帳簿への記載方法に留意する必要があります。具体的には、軽減税率制度が開始された令和元年10月1日から令和5年9月30日までは「区分記載請求書等制度」が導入され、令和5年10月1日より「インボイス制度（適格請求書等制度）」が導入されます。以下では、それぞれの制度に関する書類の記載の留意点について説明します。

■ 区分記載請求書等の記載事項

　区分記載請求書等制度では、売り手は買い手からの求めに応じて次のような記載事項を完備した区分記載請求書等を買い手に交付する必要があります。

① 区分記載請求書等発行者（売り手）の氏名または名称

② 取引年月日

③ 取引の内容（軽減税率の対象資産の譲渡等があればその旨）

④ 税率ごとに区分して合計した課税資産の譲渡等の対価の額（税込額）

⑤ 書類の交付を受ける事業者（買い手）の氏名または名称

　区分記載請求書等の主な特徴として、取引の内容には、軽減税率の対象資産があればそのことを記載する必要があり、また対価の額には、税率ごとに区分した税込額を記載する必要があります。なお、不特定多数の者に対して販売等を行う小売業等

区分記載請求書の記載例（令和5年9月30日まで）

株式会社○○御中

請求書

東京都 XX 区 XX1-23-4
○○株式会社

令和元年 10 月分

月日	品名	金額
10 / 1	米　　※	10,800 円
10 / 8	牛肉　　※	8,640 円
10 /20	ビール	6,600 円
合計		26,040 円

8% 対象　19,440 円
10% 対象　6,600 円

※軽減税率対象

については、買い手の氏名等の記載を省略することができます。

　また、会計帳簿には「仕入先の氏名または名称」「取引年月日」「取引の内容」「取引金額」の他に、その商品が軽減税率8％の対象であれば取引の内容に「軽減税率の対象品目である旨」を明記する必要があります。つまり、その取引が軽減税率の対象であるのかどうかを帳簿上区分しておく必要があるということです。そして、消費税の仕入税額控除を受けるには、軽減税率の対象品目と税率ごとに合計した税込価額が明記された区分記載請求書等を入手・保存しておく必要があります。

■「軽減対象資産の譲渡等である旨」の記載の仕方

　軽減税率の対象となる商品がある場合には、請求書等に軽減対象資産の譲渡等であることが客観的に明らかだといえる程度の表示が必要であり、具体的には請求書に次のいずれかのよう

に記載します。

・個々の取引ごとに8％や10％の税率を記載する
・8％の商品に「※」や「☆」といった記号や番号等を表示し、かつ、「※（☆）は軽減対象」などと表示することで、軽減対象資産の譲渡等である旨」を明らかにする
・8％の商品と10％の商品とを区別し、8％として区別されたものについて、その全体が軽減税率の対象であることを記載する
・8％の商品と10％の商品で請求書を分けて作成し、8％の請求書には軽減税率の対象であることを記載する

■ 適格請求書等の記載事項

　令和5年10月1日から導入されるインボイス制度では、売り手（課税事業者）は買い手からの求めに応じて次のような記載事項を完備した適格請求書等を買い手に交付し、また交付した適格請求書の写しを保存する義務が課されます。

① 適格請求書発行事業者（売り手）の氏名または名称及び登録番号
② 取引年月日
③ 取引内容（軽減税率の対象品目である場合はその旨）
④ 税率ごとに合計した対価の額（税抜または税込）及び適用税率
⑤ 税率ごとに区分して合計した消費税額等
⑥ 書類の交付を受ける事業者（買い手）の氏名または名称
　区分記載請求書等とは次の点が異なります。

　①の売り手の氏名等には、適格請求書発行事業者としての登録番号の記載が追加されます。登録番号は、法人の課税事業者の場合は「T＋法人番号」であり、個人事業者や人格のない社団などの課税事業者は「T＋13桁」の番号（マイナンバーではありません）となります。

　④の対価の額には、税率ごとの合計の対価の額が税抜または

会計帳簿の記載例

総勘定元帳（仕入）

月　日	相手科目	摘　　要	借　方
10/31	現金	○○食品㈱　※米・牛肉 10月分	19,440
10/31	現金	○○食品㈱　　　ビール 10月分	6,600
			※軽減税率対象

区分記載請求書等の場合も適格請求書等の場合も、「軽減税率の対象品目である旨」を追記する

税込で記載することになり、また適用税率の記載が追加されます。⑤では、消費税額の記載が追加されます。

　なお、会計帳簿への記載事項は、区分記載請求書等の場合と変わりはありません。

■ 免税事業者からの課税仕入の取扱いはどう変わる

　適格請求書等を発行するには、事前に税務署へ一定の申請を行って適格請求書発行事業者として登録を受けておく必要があります。この登録は課税事業者でないと行えないルールとなっていますので、免税事業者は課税事業者に変更しない限り適格請求書等の発行ができません。

　また、課税仕入に対する仕入税額控除の適用を受けるには、適格請求書発行事業者が発行する適格請求書等を受領する必要があるため、免税事業者が発行する請求書等では、令和5年10月以降は原則として仕入税額控除を受けることができなくなります。ただし、区分記載請求書等と同様の事項が記載された請求書等を保存し、帳簿に軽減税率に関する経過措置の規定の適用を受けることが記載されている場合には、次のとおり一定期間においては仕入税額相当額の一定割合を仕入税額として控除

適格請求書等を
発行するために
必要な手続き

適格請求書等を発行する課税事業者は、あらかじめ税務署に「適格請求書発行事業者の登録申請書」を提出して、適格請求書発行事業者として登録を受ける必要がある。登録申請は令和3年10月から行うことが可能であるが、令和5年10月より適格請求書等が発行できるようにするためには、令和5年3月までに登録申請書を提出する必要がある。

できるとする経過措置が設けられています。

・令和5年10月1日から令和8年9月30日までの期間は仕入税額相当額の80％

・令和8年10月1日から令和11年9月30日までの期間は仕入税額相当額の50％

インボイス制度で認められる請求書等には次のものがあります。

・適格請求書または適格簡易請求書（後述の簡易方式）

・仕入明細書等（適格請求書の記載事項が記載されており、相手方の確認を受けたもの）

・卸売市場において委託を受けて卸売の業務として行われる生鮮食品等の譲渡及び農業協同組合等が委託を受けて行う農林水産物の譲渡について、委託者から交付を受ける一定の書類

・上記の書類に関する電磁的記録（電子ファイル等）

適格請求書等の記載

区分記載請求書等では、従来の請求書から追加された記載項目に不備があれば、買い手側で必要事項を追記することが可能であったが、適格請求書等の記載事項に不備があった場合には、追記は特に認められていないため、仕入税額控除を受けるためには売り手に対して請求書の再発行を求める必要がある。

■ 簡易方式とは

不特定多数の者に対して販売等を行う小売業、飲食店業、タクシー業等については、通常の適格請求書等とは異なり次のとおり記載事項を一部簡略化した「適格簡易請求書」を交付することができます。

① 適格請求書発行事業者（売り手）の氏名または名称及び登録番号

② 取引年月日

③ 取引内容（軽減税率の対象品目である場合はその旨）

④ 税率ごとに合計した対価の額（税抜または税込）

⑤ 税率ごとに区分して合計した消費税額等または適用税率

■ 適格請求書の交付義務が免除される場合

インボイス制度の下では、売り手は、買い手からの求めに応じて原則として適格請求書を交付する義務が生じます。ただし、不特定多数の者などに対してその都度適格請求書を交付するの

株式会社○○御中

請求書

東京都 XX 区 XX1-23-4

○○株式会社

（登録番号 TXXXXXXXXXXXXX）

令和5年10月分

月日	品名	金額
10 / 1	米　　　※	10,800 円
10 / 8	牛肉　　※	8,640 円
10 /20	ビール	6,600 円
合計		26,040 円

（ 8% 対象　18,000 円　消費税 1,440 円）

（10% 対象　　6,000 円　消費税　600 円）

※軽減税率対象

も実務上困難が生じる場合があります。そこで、以下の取引は適格請求書の交付義務が免除されます。

① 船舶、バスまたは鉄道による旅客の運送（3万円未満のもの）

② 出荷者が卸売市場において行う生鮮食料品等の譲渡（出荷者から委託を受けた者が卸売の業務として行うもの）

③ 生産者が行う農業協同組合、漁業協同組合または森林組合等に委託して行う農林水産物の譲渡（無条件委託方式かつ共同計算方式により生産者を特定せずに行うもの）

④ 自動販売機により行われる課税資産の譲渡等（3万円未満のもの）

⑤ 郵便切手を対価とする郵便サービス（郵便ポストに差し出されたもの）

複数税率がある場合の税額計算の仕方

8％と10％に分けて消費税を計算する必要がある

■ 税額計算のためにどんなことを知っておくべきか

8％と10％の複数の税率が混在する消費税の計算は、売上と仕入に対して税率ごとに区分して行う必要があります。8％と10％の複数税率の下での消費税の計算は次ページ図のように行います。

① 消費税額の計算

ここでの消費税額とは、消費税を国税部分と地方消費税を分けた場合の国税部分のことをいいます。

まず、課税売上に対する消費税額を計算します。課税期間中の課税資産の譲渡等に対する課税売上の税込価額を標準税率10％と軽減税率8％に分けて合計し、10％であれば110分の100を掛けて、8％であれば108分の100を掛けて課税標準額を計算します。そして、10％に対する課税標準額に7.8％を掛けて、また8％に対する課税標準額に6.24％を掛けて、これらを合計して課税売上に対する消費税を計算します。

次に、課税仕入に対する消費税額を計算します。課税仕入の税込価額を標準税率10％と軽減税率8％に分けて合計し、10％であれば110分の7.8を掛けて、8％であれば108分の6.24を掛けてこれらを合計して課税仕入に対する消費税を計算します。また、保税地域から引き取った課税貨物に対する消費税（輸入消費税）も含めます。

以上により計算した、課税売上に対する消費税額から課税仕入に対する消費税を差し引いた額が消費税額となります。

② 地方消費税額の計算

積上げ計算による場合

本文の①〜③により消費税を計算する他、請求書に記載された消費税等の合計額に100分の78を掛けた金額を課税売上に対する消費税額とする（積上げ計算）ことができる。この場合は、課税仕入に対する消費税額も同様の方法により計算する必要がある。

複数税率の場合の消費税の計算方法

❶ 消費税額の計算

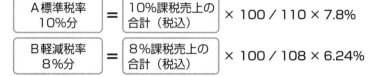

$$\boxed{消費税額} = \boxed{課税売上に対する消費税額} - \boxed{課税仕入等に対する消費税額}$$

【課税売上に対する消費税額】

$$\boxed{\substack{\text{A標準税率}\\10\%分}} = \boxed{\substack{10\%課税売上の\\合計（税込）}} \times 100 / 110 \times 7.8\%$$

$$\boxed{\substack{\text{B軽減税率}\\8\%分}} = \boxed{\substack{8\%課税売上の\\合計（税込）}} \times 100 / 108 \times 6.24\%$$

$$\boxed{\substack{課税売上に\\対する消費税額}} = \text{A} + \text{B}$$

【課税仕入等に対する消費税額】

$$\boxed{\substack{課税仕入等に\\対する消費税額}} = \boxed{\substack{国内課税仕入に\\対する消費税額（※）}} + \boxed{\substack{外国貨物の引き取りに\\対する消費税}}$$

※課税仕入の合計額(税込)×7.8/110(または6.24/108)

❷ 地方消費税額の計算

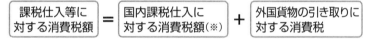

$$\boxed{地方消費税額} = \boxed{消費税額} \times 22 / 78$$

❸ 納付税額の計算

$$\boxed{納付税額} = \boxed{消費税額} + \boxed{地方消費税額}$$

　上記①で計算した消費税額に78分の22を掛けて地方消費税額を計算します。

③　納付税額の計算

　上記①と②を合計して納付税額を計算します。

一定割合とは

中小事業者の業種等によって次のとおりである。
・小売等軽減仕入割合
課税仕入等（税込）を税率ごとに管理できる卸売業または小売業を営んでいる場合には、卸売業及び小売業の課税仕入（税込）のうち、軽減税率の対象となる売上にのみ要する課税仕入等（税込）の割合（小売等軽減仕入割合）を使用する。
・軽減売上割合
通常の連続する10営業日の課税売上（税込）に占める同期間の軽減税率の対象となる課税売上（税込）の割合（軽減売上割合）を使用する。
・割合の計算が困難な場合
前述のような、割合の計算が困難な場合には一定割合を50％とすることができる。

■ 中小事業者の特例

　中小事業者（基準期間の課税売上高が5,000万円以下の事業者）で、課税売上に対する税込額を税率の異なるごとに区分して合計することが困難な場合には、経過措置として令和元年10月から令和5年9月までの4年間、課税売上（税込）の合計額に一定割合を掛けて軽減税率の対象となる課税売上を算定するという簡便的な計算を行うことができます。

■ 具体例で考えてみる

　複数税率に基づいた原則的な消費税の税金計算について、具体的な数値を使用して説明します。なお、課税売上割合は100％として、仕入税額控除が全額適用できるものとします。

【数値例】
① 課税売上
・標準税率対象（10％）：課税売上高5,500万円（本体価額5,000万円、消費税500万円）
・軽減税率対象（8％）：課税売上高3,240万円（本体価額3,000万円、消費税240万円）
② 課税仕入
・標準税率対象（10％）：課税仕入4,400万円（本体価額4,000万円、消費税400万円）
・軽減税率対象（8％）：課税仕入2,700万円（本体価額2,500万円、消費税200万円）
・課税売上に対する消費税額
　標準税率分＝5,500万円×100/110×7.8/100＝390万円
　軽減税率分＝3,240万円×100/108×6.24/100＝187万2,000円
・課税仕入に対する消費税額
　標準税率分＝4,400万円×100/110×7.8/100＝312万円

区分記載請求書等と適格請求書等の主な違い

	区分記載請求書等	適格請求書等
適用時期	令和元年10月から令和5年9月まで	令和5年10月以降
発行者	誰でも発行が可能	適格請求書発行事業者が発行可能（課税事業者のみ）
従来の請求書から追加された記載事項	・軽減対象資産の譲渡等である旨 ・税率ごとに合計した対価の額（税込）	・軽減対象資産の譲渡等である旨 ・税率ごとに合計した対価の額（税抜または税込） ・登録番号 ・税率ごとの消費税額及び適用税率
請求書受領者側での上記の追記の可否	追記可能	追記不可 （請求書等の再発行を求める必要がある）

軽減税率分 = 2,700万円 × 100/108 × 6.24/100 = 156万円

・消費税額の計算

（390万円 ＋ 187万2,000円） － （312万円 ＋ 156万円） ＝

109万2,000円

・地方消費税額の計算

109万2,000円 × 22/78 = 30万8,000円

・納付税額

109万2,000円 ＋ 30万8,000円 = 140万円

■ 免税事業者からの課税仕入がある場合の税額計算の仕方

免税事業者からの課税仕入については仕入税額控除ができないため、「控除対象外消費税」となります。控除対象外消費税が発生する場合は、それが資産に関する取引か資産以外（経費）に関する取引かによって、次のとおり処理が異なります。

控除対象外消費税

仕入税額控除ができない仮払消費税等。

・資産に関する取引の場合

次のいずれかの方法によって、法人税法上の損金の額に算入します。

① その資産の取得価額に消費税を含めて、償却費などとして損金の額に算入します。

② 次のいずれかに該当する場合には、損金経理を行った上でその事業年度の損金の額に算入します。

　ⓐ その事業年度または年分の課税売上割合が80％以上であること

　ⓑ 棚卸資産（在庫）に関する控除対象外消費税額であること

　ⓒ 一つの資産で控除対象外消費税額が20万円未満であること

③ 上記の①②に該当しない場合には、「繰延消費税額」として資産計上し、繰延消費税額を60で割って、これに事業年度の月数またはその年の業務を行っていた月数を掛けた金額に基づき、損金経理します。なお、その資産を取得した事業年度あるいは年分においては、上記によって計算した金額の2分の1を損金経理または必要経費に算入します。

・資産以外（経費）に関する取引の場合

全額を損金として処理します。ただし、会社等の法人においては、交際費等に関する控除対象外消費税額は、消費税抜きの交際費等の合計額に、その額に相当する金額を加えた額を交際費等の額として交際費等の損金不算入額を計算します。

■ 免税事業者からの課税仕入がある場合の具体例

ここでは、簡略化のため課税仕入がすべて免税事業者からの

仕入であった場合に138ページと同じ数値例を使用して税金計算を行うと、次のとおりになります。なお、仕入はいずれも資産以外からの仕入とします。

① 原則的な計算

・課税売上に対する消費税額

標準税率分＝5,500万円×100/110×7.8/100＝390万円

軽減税率分＝3,240万円×100/108×6.24/100＝187万2,000円

・課税仕入に対する消費税額

免税事業者からの仕入のためゼロ

・消費税額の計算

（390万円＋187万2,000円）－0万円）＝577万2,000円

・地方消費税額の計算

577万2,000円×22/78＝162万8,000円

・納付税額

577万2,000円＋162万8,000円＝740万円

② 経過措置（134ページ記載の仕入税額相当額の80％とする）

・課税売上に対する消費税額

標準税率分＝5,500万円×100/110×7.8/100＝390万円

軽減税率分＝3,240万円×100/108×6.24/100＝187万2,000円

・課税仕入に対する消費税額

標準税率分＝4,400万円×100/110×7.8/100×80％＝249万6,000円

軽減税率分＝2,700万円×100/108×6.24/100×80％＝124万8,000円

・消費税額の計算

（390万円＋187万2,000円）－（249万6,000円＋124万8,000円）

＝202万8,000円

・地方消費税額の計算

202万8,000円×22/78＝57万2,000円

・納付税額

202万8,000円＋57万2,000円＝260万円

Column

万が一に備える中小企業倒産防止共済

　企業が倒産するきっかけのひとつに、「取引先が倒産してしまい、売掛金が回収できなくなったために、資金繰りが立ち行かなくなった」という場合があります。いわゆる連鎖倒産です。

　「倒産するような会社を信用して掛け売りをするなんて、経営判断が甘いから連鎖倒産するんだ」と思う人もいるでしょう。ただ、業績には問題がなくても、突然の自然災害や火災、経営者の急死など、予測できない事態が起きて取引先が倒産してしまうこともあり得ます。そこで、独立行政法人中小企業基盤整備機構（中小機構）では、このような事態に備えるものとして、中小企業倒産防止共済（経営セーフティ共済）という制度を設けています。

　経営セーフティ共済に加入できるのは、たとえば製造業・建設業・運送業その他であれば資本金等の額が３億円以下、従業員数が300人以下などのように、業種ごとに定められた資本金等の額と従業員数の条件に合致する中小企業のうち、引き続き１年以上事業を行っている業者です。月額5000円から20万円の範囲内で掛け金を支払うと、取引先事業者が倒産して売掛金債権等が回収困難となったときに、「無担保・無保証人」「無利子」で共済金の貸付けを受けることができます（ただし、共済金の貸付けを受けると、貸付金額の10％が積み立てている掛金金額から控除されます）。

　貸付けを受けることができる金額は、①回収困難となった売掛金債権等の額、②掛金総額の10倍に相当する額（最高8000万円）のいずれか少ない方を上限とする額です。償還の期間や方法は貸付額によって違いますが、たとえば5000万円未満であれば５年間の54回均等分割償還、6500万円以上8000万円以下であれば７年間の78回均等分割償還となっています。なお、経営セーフティ共済の掛金は税法上の損金または必要経費として算定でき、節税としての効果も得られます。

PART 4

従業員の給与と税金

給与にかかる税金

所得税と住民税を差し引く処理を行う

■ どのような税金を差し引く処理を行うのか

　給与計算をするときには、給与から税金を差し引く処理を行います。給与計算の事務担当者としては、給与にどのような税金がかかるのかを知っておかなければなりません。給与から差し引く税金には所得税と住民税があります。

■ 所得税を差し引く

　所得税とは、個人の所得に対して課税される国税です。これに対し、法人に課税されるものは法人税といいます。

　所得税が課税されるのは基本的に個人ですが、例外的に法人（会社など）にも所得税が課税されます。

　会社員の場合、所得税などの税金を毎月の給料から天引きすることになっています。経理事務担当者も会社員ですが、会社員が、確定申告時でも自ら税務署に出向いて申告したり、税金を納める必要がないのは、あらかじめ天引きにより所得税を納めているからです。

　このように、給与や報酬・料金など特定の所得を支払う者（会社員であれば会社）が支払時に、あらかじめ税金分を差し引くことを「源泉徴収」といいます。源泉徴収された税金は、所得税の概算的な前払いですので、最終的には確定申告時（一般的な会社員の場合は年末調整時）に精算されます。このあらかじめ天引きされた所得税のことを「源泉所得税」といいます。

　また、源泉徴収をする者を「源泉徴収義務者」といいます。本来、個人の所得税などは納税者自らが申告し、納付する（申

個人の課税所得

所得税が課される所得とは、給与所得の他に、自営業者が商売をやって得た所得、土地や建物などの不動産を売って得た所得、マンションなどを他人に貸し付けて得た所得、株式などの配当によって得た所得など10種類に分類される。

申告納税制度

所得税の計算対象期間は会社員でも個人事業主でも同じで、1月1日から12月31日までの一暦年である。これらの所得は、自分で税額を計算して、その額を国に申告・納付するのが原則である（申告納税制度）。
個人事業主などの場合、会社員のような源泉徴収は行わない。その一暦年の所得金額と所得税の額を納税者自らが計算し、その年の翌年2月16日から3月15日までの間に確定申告書を提出し、所得税を納付することになっている。

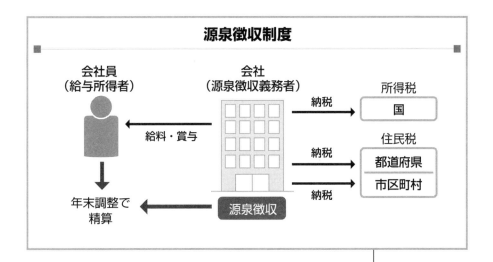

源泉徴収制度

会社員
（給与所得者）

会社
（源泉徴収義務者）

給料・賞与

年末調整で
精算

源泉徴収

所得税

納税 → 国

住民税

納税 → 都道府県

納税 → 市区町村

告納税制度といいます）のが原則ですが、会社員の給与などについては、「源泉徴収制度」が設けられているため、会社員による所得税の納税漏れほとんどないということになります。

なお、月々の給料だけでなく、賞与についても源泉徴収が行われますが、月々の給与とは源泉徴収の計算方法が少し違ってくるため、注意が必要です。

賞与の源泉所得税の納付期限

賞与の源泉徴収税額の納付期限は、給与と同様に、賞与を支払った月の翌月の10日までとなっている。

■ 住民税を差し引く

住民税とは、国ではなく、地方に納める道府県民税（東京都は都民税）と市町村民税（東京都23区は特別区民税）の総称です。住民税の徴収期間は6月から翌年5月までです。

住民税は前年の所得税額の計算をもとにして、市町村がその徴収額を決定します。会社員の場合は、会社が提出する「給与支払報告書」によって課税対象額が明らかになるようになっています。住民税については、普通徴収と特別徴収の2通りの納め方がありますが、多くの会社では特別徴収という方式をとっているため、所得税と同様、給与から住民税を天引きする処理を行います。

給与からの控除額の計算

法定控除と協定控除がある

■ 社会保険料や税金は法律で天引きが認められている

　給与の総支給額が集計されたところで、次に税金や社会保険料などを控除することになります。給与明細書の控除項目は、「法定控除」と「協定控除」の2つに分けられます。

　まず、「法定控除」とは、下記の通り、社会保険料や税金など、法律で天引きすることが認められているもののことです。

① 社会保険料

　「健康保険料」「介護保険料」「厚生年金保険料」が該当します。これらの社会保険料は、標準報酬月額に保険料率を乗じた額を月額保険料とします。負担は、会社（事業主）と従業員（被保険者）の折半です。

　いったん標準報酬月額が決定すると、定時決定、随時改定によって変更されるまでの間は、毎月支給される給与額が変動しても、現在の標準報酬月額で定められた保険料を控除することになります。したがって、長期の欠勤によって給与の支払いがない場合でも、同額の保険料が発生します。

② 雇用保険料

　被保険者が負担する雇用保険料は、賃金を支払うつど、その賃金額に被保険者負担率を乗じて計算します。

　なお、健康保険や厚生年金保険の保険料と異なり、雇用保険は毎月の給与の支給総額に基づいて保険料を決定します。したがって、給与の支給総額が毎月わずかでも増減すれば、保険料額も変動することになります。

③ 所得税及び復興特別所得税

法定控除と協定控除の算出

総支給額	ー	控除額	＝	手取額

法定控除と協定控除がある

法定控除：社会保険料、雇用保険料、所得税、住民税
法定外控除：労使協定で定めた社宅・寮費、親睦会費、財形貯蓄、貸付金の返済など

　所得税の額は、「源泉徴収税額表」を使用して求めます。ま
ず、従業員について税額表の横軸「甲欄」と「乙欄」のどちら
が適用されるのかを判定します。通常は税額表の「甲欄」を適
用しますが、従業員から「扶養控除等（異動）申告書」が提出
されていない場合には「乙欄」、日雇労働者・短期雇用アルバ
イトについては「丙欄」を適用することになります。

　次に、従業員の課税給与額（通勤手当のような非課税給与を
除く）から社会保険料や雇用保険料を控除した金額を税額表の
縦軸「社会保険料等控除後の給与等の金額」の区分にあてはめ
て、該当する税額を算出します。「甲欄」の場合は、「扶養親族
等の数」によっても税額が違ってくるので注意が必要です。

④　住民税

　住民税（市町村民税＋都道府県民税）の徴収方法には、特別
徴収と普通徴収の2種類がありますが、会社などの事業所で源
泉控除するのは特別徴収です。

■ 協定控除

　一方、「協定控除」は、社宅・寮費、親睦会費、財形貯蓄、
貸付金の返済など、法定控除以外のものです。控除は勝手に行
うことはできず、労働基準法の規定によって、従業員の代表と
使用者が労使協定を締結する必要があります。

源泉徴収税額表の確認

源泉徴収税額表は国税庁のWebページから閲覧することができる。所得税と復興特別所得税を併せて徴収する表となっている。

財形貯蓄

正式には、「勤労者財産形成貯蓄制度」と呼ばれ、勤労者財産形成促進法に基づき導入された、勤労者が財産を形成するための制度。勤労者の貯蓄や住宅購入などの財産形成を促進するために、勤労者が事業主の協力を得て賃金から一定の金額を天引きして行う貯蓄商品の形態である。単に「財形」ということもある。

退職金の税務

原則として２分の１を課税対象とし、分離課税を適用する

■ 根拠があるのかどうかがポイント

退職金とは、労働者の退職に伴って、勤務していた企業からその者に支給される金銭のことです。

退職金は「長年、正社員として勤めていれば退職時に必ず受け取れるもの」かというと、そうではありません。労働の対価として支払われる通常の賃金と違い、使用者は必ず退職金を支払わなければならないという義務はありません。

企業が退職金制度を設ける場合、労働基準法では、①適用される労働者の範囲、②退職手当の決定、③計算および支払方法、④退職手当の支払の時期に関する事項を決定し、就業規則などに規定するよう求めています。

就業規則は、労働者と使用者が互いに守るべき社内の「法律」です。就業規則などに記載されると、退職金は労働基準法上の賃金と同様に扱われることになり、使用者には退職金を支払う義務が生じるとされています。

また、判例では、たとえ就業規則などに明確な記載がなかったとしても、慣行として過去に支給実績がある場合には、退職金の支払義務を認めるべきとの判断が出されています。

退職金の支払義務について、就業規則などにより根拠が認められる場合、その支払いは原則として労働基準法の賃金の支払いに関する規定に準じて行われなければなりません。つまり、ⓐ通貨で支払われること、ⓑ直接労働者に支払われること、ⓒ全額が支払われることが必要です。

退職金制度

性　格	①賃金の後払い、②功労報奨、③老後保障
規定の義務	私企業では、退職金の規定を置く義務はない
退職金を定めている場合	就業規則で定める場合には、適用範囲、決定方法、計算・支払方法、支払時期を記載する必要がある
一般的な算出式	退職時の基本給 × 勤続係数（勤続年数など）× α（退職事由係数）
退職所得	（退職金 − 退職所得控除）× 1/2

■ 退職金制度の変更

　就業規則などで規定されている退職金制度を、会社側が一方的に変更することはできません。特に、受給金額が大幅に減額するような変更の場合、労働者にとっては「労働契約の不利益な変更」になりますから、これを行うためには制度を変更するに足る合理的な理由と、労働者（労働組合）との合意が不可欠になります。どうしても合意が得られない場合は、一度に制度変更するのではなく、段階的に支給額を減らしていくなどの配慮が必要になるでしょう。

■ いつまでに支払えばよいのか

　労働基準法の規定によると、労働者が退職した場合、賃金は、権利者の請求があった日から7日以内に支払わなければなりません。就業規則などによって規定された退職金も「賃金」に含まれますので、この規定が適用されますが、退職金に関しては行政通達により、就業規則などに明確な支払時期や分割払いなどの規定がある場合、これに従って支払うことも可能とされています。つまり、退職金の支払時期については、会社側がある程度引き延ばすこともできるということです。

　ただ、だからといって支払う時期を明確に示さなかったり、

行政通達

労働基準法等の労働法規の実務的な運用のため、厚生労働省による公式的な見解等を示したものである。
発基…事務次官による通達
基発…労働基準局長による通達
基収…下部組織からの照会に対する労働基準局長による回答

「請求から１年以内に支払う」といった漠然とした規定を置くことが認められているわけではありません。労働者側から見れば、できるだけすみやかに支払ってもらいたいところですが、おおむね６か月程度の猶予は認められているようです。

■ 退職所得とは

退職所得とは、退職手当、一時恩給その他の退職により一時に受ける給与およびこれらの性質を有する給与（退職手当等といいます）に関する所得のことです。一時恩給とは、恩給法の規定により公務員が３年以上勤務して普通恩給を受けることができる年数に達しないうちに退職する場合に支給される給与のことです。

退職所得の金額は、その年の退職手当等の収入金額から退職所得控除額を控除した残額の２分の１に相当する金額です。ただし、特定役員等の勤続年数が５年以下の者の役員等勤続年数に対応する退職手当等は、２分の１とする措置はありません。

■ 退職所得控除額の計算方法

退職所得の場合は、勤続年数に応じて一定の「退職所得控除額」を退職手当等の収入金額から差し引くことができます。退職所得控除額は、勤続年数20年を区切りとして次の算式により求めます。

① **勤続年数が20年以下の場合**

40万円×勤続年数（80万円に満たないときは、80万円）

② **勤続年数が20年を超える場合**

800万円＋70万円×（勤続年数−20年）

勤続年数の計算は、通常の場合、退職手当の支払いを受ける人が、その会社等に入社後退職の日まで引き続き勤務した期間（以下勤続期間といいます）によって計算します。この勤続期間の計算にあたって１年未満の端数があるときは、その端数は

税務上退職金として取り扱われる給与

国民年金法、厚生年金保険法、国家公務員共済組合法、地方公務員等共済組合法、私立学校教職員共済法に基づく一時金や確定給付企業年金法に基づいて支給を受ける一時金も、退職手当等とみなされる。なお、使用者が労働基準法の規定により支払われる解雇予告手当や、退職した労働者が弁済を受ける未払賃金も退職手当等とされる。

障害者が退職する場合の加算

退職者が障害者になって退職した場合、一般の控除額にさらに100万円が加算される。

特定役員等

・法人の取締役等
・国会議員や地方公共団体の議員
・国家公務員や地方公務員

令和３年度税制改正大綱

令和３年度税制改正大綱では、令和４年分以後の所得税に関しては、特定役員等でなくても、勤続年数が５年以下の短期退職金について300万円を超える分は、２分の１とする措置は行わないことが検討されている。

退職所得にかかる税金

$$退職所得 = (退職金の収入金額 - 退職所得控除額) \times \frac{1}{2}$$

【退職所得控除額】

勤続年数20年以下	40万円×勤続年数（80万円に満たないときは80万円）
勤続年数20年超	800万円＋70万円×（勤続年数－20年）

※1　障害退職のときは、上記控除額＋100万円
※2　勤続年数5年以下の特定役員等の役員等勤続年数に対応する部分の退職所得は、
「退職所得＝退職金－退職所得控除額」となり1/2を掛ける必要はない。

1年に切り上げて勤続年数を計算します。

■ 税負担が軽減されている

退職所得は、他の所得と合算して計算はしません。分離課税（他の各種所得とは合算せずに分離して課税する方式）で所得税を計算します。

その理由は、社員が長年働いてきた成果として受け取る退職金に対して、総合課税として他の所得と合算した超過累進税率により多額の所得税を課すのはあまりに酷な仕打ちであるためです。退職金は、老後の資金のひとつとしての性格があるため、税負担が過重にならないような配慮をしています。

なお、退職金を受け取るときまでに「退職所得の受給に関する申告書」を提出していれば、原則として確定申告する必要はありません。これは、課税退職所得金額に対する所得税額等が源泉徴収されているためです。一方、「退職所得の受給に関する申告書」の提出がなかった人の場合は、退職手当等の支払金額の20.42％が源泉徴収されます。ただし、この税額の精算は、受給者本人が確定申告をすることで行うことになります。

確定申告をした方が有利な場合

退職所得の受給に関する申告書が提出されており、確定申告が必要なくても、確定申告した方が有利になる場合がある。それは他に赤字の所得があって、損益通算できる場合である。損益通算とは、2種類以上の所得があり、たとえば1つの所得が黒字、他の所得が赤字（損失という）の場合に、その所得の黒字と他の所得の赤字とを一定の順序に従って差引計算することをいう。つまり差引計算を行うことにより、通常の退職所得にかかる税額よりも負担が少なくなるということである。

死亡退職金

退職金のうち、死亡退職手当については、相続税の対象になる。

所得税における所得

収入金額から必要経費を差し引いて算出する

■ 所得とは

　一般に所得とは、収入から必要経費を引いたもののことです。所得税は、あくまでも収入ではなく「所得」に対して課税されます。普通、収入と所得は同じ意味のように考えられていますが、収入と所得はまったく違います。たとえば、会社員の場合、会社からもらう「給与所得の源泉徴収票」の「支払金額」が収入金額です。そして、「給与所得控除後の金額」が所得金額です。給料の場合は、この所得金額のことを給与所得と呼んでいます。このように収入と所得は税金計算上ではまったく意味が異なり、所得税は収入ではなく所得に対してかかります。

　所得税法では、10種類の所得について、具体的にその所得の金額の計算方法を定めています。

■ 必要経費の意味

　所得の金額は、原則として、収入金額から必要経費を差し引いて算出します。所得の種類によっては、「必要経費」と言わず、別の言い方をしていることがありますが、内容的には必要経費と同じです。

　たとえば、給与所得では「給与所得控除額」といいます。給与所得控除額とは、会社員の必要経費と考えられているもので、年間の給与等の収入金額に応じて控除額が決まっています。

　よく会社員は、個人事業主のように必要経費が認められていないから不公平だと言う話を耳にしますが、それは間違いで、この給与所得控除額が会社員の必要経費に相当します。

所得によって異なる担税力

所得を10種類に分類した理由は、所得の性質によって税金を負担することができる能力（担税力）が異なるからである。たとえば老後の資金となる退職所得は、担税力を考慮して、原則として所得の2分の1を課税対象とし、他の所得とは合算しないようにしている。

所得税は利益に課される

収入	−	必要経費	=	所得（利益）

個人事業者であれば売上や雑収入のこと。給与所得者であれば給与の総支給額のこと

個人事業者であれば必要経費のこと。給与所得者であれば給与所得控除のこと

ここに所得税が課される

主な非課税所得の例

- 給与所得者の通勤手当
- 給与所得者の出張旅費
- 国外勤務者の在外手当
- 生活用動産の譲渡による所得
- 身体の傷害や心身に加えられた損害に基因する損害保険金や損害賠償金
- 葬祭料、香典
- 労働基準法による遺族補償
- 健康保険や国民健康保険の保険給付
- 雇用保険の失業給付

- 労災保険の保険給付
- 生活保護のための給付
- 負傷疾病に伴う休業補償
- 死亡者の勤務に基因して受ける遺族恩給および年金
- 公社債の譲渡による所得
- 納税準備預金の利子
- 財形貯蓄の利子
- 障害者の少額預金の利子
- 宝くじ当選金

■ 非課税所得や免税所得にはどんなものがあるのか

　本来は所得であるが、国民感情や所得の性質などから所得税の課税対象としていないものを非課税所得といいます。主な非課税所得としては、上図に挙げるものがあります。

　また、本来課税されるべきものであっても、国の政策を推進するための特別の取扱いとして、特に所得税が免除されているものを免税所得といいます。たとえば肉用牛の売却による農業所得は免税所得の例ですが、免税所得は非課税所得と異なり免税の適用を受けるための手続きが必要です。

その他の非課税所得

この他、オリンピック優秀選手に贈られる金品やノーベル賞の賞金も非課税となっている。

給与所得控除

一定の控除額が認められている

■ 給与所得とは

　給与·所得とは、給料、賃金、歳費、賞与およびこれらの性質を有する給与に関する所得のことです。給与所得とは、支給額そのものではなく、その年の給与等の収入金額から「給与所得控除額」を控除した金額です。なお、「特定支出の額」が基準となる金額を超える場合には、確定申告により、その超える部分の金額を控除することができます。

　給与·所得の金額は、他の所得と合算して総所得金額を構成し、超過累進税率により総合課税されます。また、会社員は、勤務先において年末調整で毎月天引きされた所得税が精算されますので、原則として、所得税の確定申告は必要ありません。

■ 給与所得控除

　給与·所得は、事業所得などのように必要経費を差し引くことはできませんが、必要経費に見合うものとして一定の「給与所得控除額」を給与等の収入金額から差し引くことができます。給与所得控除は実際に使った経費ではなく収入金額に応じて概算で計算することになっています。この概算で計算された会社員の必要経費に相当するのが給与所得控除額です。

　給与所得控除額の金額は図（次ページ）のとおりです。給与等の収入金額が162万5000円までは55万円が給与所得控除額になります。給与等の収入金額が162万5000円を超える場合、その収入金額に応じて給与·所得控除額も段階的に増えていくしくみになっています。

総合課税

合算の対象となる所得を総合した上で税額を計算・納税する課税方式のこと。

会社員と還付申告

確定申告を行えば、以下のように、所得税が還付される場合がある。
① 災害により住宅や家財に損害を受けた場合
② 病気やケガにより診療や治療を受けたり、入院をした場合に支払った医療費が多額であった場合

給与所得控除額（令和２年分以降）

給与等の収入金額	給与所得控除額
162.5万円以下	55万円
162.5万円超 ～ 180万円以下	給与等の収入金額×40％－10万円
180万円超 ～ 360万円以下	給与等の収入金額×30％＋8万円
360万円超 ～ 660万円以下	給与等の収入金額×20％＋44万円
660万円超 ～ 850万円以下	給与等の収入金額×10％＋110万円
850万円超	195万円（上限）

なお、高収入になるにつれ給与所得控除で認められる額が実際の経費に比べ過大化する点から、給与所得控除額には上限が設けられており、上限195万円で頭打ちとなります。

■ 特定支出の対象範囲

給与所得者が、通勤費、研修費など（これらを「特定支出」といいます）の支出をした場合において、それぞれの特定支出額の合計額が基準となる金額を超えるときは、確定申告により、その超える部分の金額をさらに給与等の収入金額から控除できます。特定支出控除の基準となる金額は、給与所得控除額の2分の1相当の額（「特定支出控除額の適用判定の基準となる金額」）です。この金額を超えている場合は、その超過部分の金額を控除できます。

また、特定支出控除の対象は、通勤費や引っ越し費用、単身者の帰省費用、研修費の他、弁護士、公認会計士、税理士など一定の資格を取得するための費用、仕事のために購入した図書費、作業着などの衣服費、取引先に対する贈答品や飲食代などの交際費（図書費、衣服費、交際費等は、合計額が65万円まで）などが挙げられます。

給与所得控除の引下げ

給与所得控除については、平成30年度の税制改正により令和2年分以降の所得税については、給与所得控除額を一律10万円引き下げ、その上限額が適用される給与等の収入金額が850万円（改正前1000万円）となる。また、850万円超の給与所得控除額の上限額を195万円（改正前は、220万円）となる。

所得税・住民税の源泉徴収事務

給与や賞与の支払いごとに所得税を差し引くことになる

■ 所得税の源泉徴収の仕方

事業主が労働者に給与や賞与を支払うときは、源泉所得税と復興特別所得税を控除して支払います。

給与や賞与から源泉徴収する金額は、給与所得の源泉徴収税額表を使って求めますが、この表を見るとわかるように「扶養親族等の数」によって、徴収する税額が異なってきます。扶養親族が多いほど税負担が軽くなるように設定されています。

そこで、まず、給与などを支給する労働者の扶養親族の状況を確認する必要があります。そのために労働者一人ひとりについて、「給与所得者の扶養控除等（異動）申告書」を提出してもらいます。

「給与所得者の扶養控除等（異動）申告書」は、その年の最初の給与（１月分の給与）支払いの前までに従業員に記入・提出してもらい、年の途中で扶養親族に異動があった場合は訂正手続きを行います。最終的にはその年の12月31日現在の状況が書かれている申告書を元に年末調整を行うことになります。

年の途中で採用した労働者については、給与を計算する前に扶養控除等（異動）申告書を渡して書いてもらうようにします。

■ 扶養親族の数え方について知っておこう

扶養親族とは、配偶者、子、父母などその労働者が扶養している者のことです。ただ、労働者本人またはその扶養親族につき、一定の事由に該当する場合にはこれらの扶養親族の数にその事由ごとに人数を加算することになります。

2か所以上の事業所から収入を得ている場合

扶養控除等（異動）申告書は１か所の事業所にしか提出できない。２か所以上の事業所から収入を得ている場合、そのうちの１か所を選んで提出することになる。

年の途中で転職をした場合

年の途中で会社（扶養控除等申告書を提出している会社）を退社して、その後別の会社に入社した場合、後で入社した会社に新たに申告書を提出することになる。

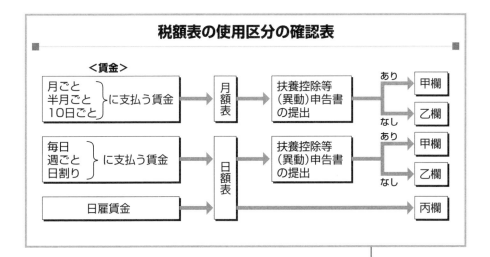

税額表の使用区分の確認表

```
<賃金>
月ごと
半月ごと  }に支払う賃金  →  月額表  →  扶養控除等
10日ごと                            (異動)申告書        あり  →  甲欄
                                    の提出
                                                        なし  →  乙欄

毎日
週ごと  }に支払う賃金  →  日額表  →  扶養控除等
日割り                              (異動)申告書        あり  →  甲欄
                                    の提出
                                                        なし  →  乙欄

日雇賃金          →                                          →  丙欄
```

　まず、控除対象配偶者と扶養親族の数を数えます。この際、16歳未満の親族と所得が48万円を超える者は含みません。

　次に、本人が障害者、寡婦（夫）、勤労学生に該当するときは、これに該当するごとに１人を加えた数を扶養親族数とします。理屈上、すべてあてはまれば最大３人と数えます。

　さらに、控除対象配偶者や扶養親族となっている者で、障害者や同居特別障害者に該当するときは、本人の場合と同様に該当するごとに１人を加えた数を扶養親族とします。

■ 給与所得の源泉徴収税額表から所得税額を算出する

　「給与所得者の扶養控除等（異動）申告書」によって、労働者の扶養親族の数が確認できたら、源泉徴収の仕方について見ていきましょう。

　まず、労働者に支払う給与から、社会保険料等（健康保険料、厚生年金保険料、厚生年金基金の掛金、介護保険料、雇用保険料）と通勤費（非課税となる部分に限る）を差し引きます。数式で表わすと以下のようになります。

　給与総額－非課税額－社会保険料等＝課税対象額

労働者本人が障害者である場合

本人が障害者である場合は、扶養親族がいなくても、給与の計算上の扶養親族等の数は１人として計算する。

寡婦

寡婦とは、夫と離婚または死別等をした女性のこと。

「非課税額」とは、たとえば通勤手当などのように所得税が非課税となる支給額のことです。

こうして求めた額が所得税を源泉徴収するときに基準となる課税対象額です。課税対象額の算定後、使用区分（前ページ図）を確認し、給与所得の源泉徴収税額表の該当する金額の欄にあてはめて、所得税額（復興所得税額含む）を算出します。

■ 預かった源泉所得税を翌月10日までに納付する

控除した源泉所得税は給与を支払った月の翌月10日までに所轄の税務署に納付することになります。本来の納付期限が日曜・祝日にあたる場合は翌営業日、土曜日の場合はその翌々日が納付期限となります。

小規模な事業所（常時使用する労働者が10人未満の事業所）については、源泉所得税の納付を年2回にまとめて行うこと（納期の特例）ができます。この特例を受けている事業者は1月1日から6月30日までの間に労働者から預かった源泉所得税を7月10日までに納付しなければなりません。

7月1日から12月31日までの間に預かる源泉所得税は翌年1月20日までに納付することになります。手続きとしては、所得税徴収高計算書（納期特例分）に所定の事項を記入し、納付税額を添えて銀行等から所轄の税務署に納付します。また、e-Taxを使用して計算書を提出・納付することも可能です。

■ 徴収した住民税の納付

住民税は、原則として給与を支給した日（源泉徴収をした日）の翌月10日までに納付します。特例のある場合は、6月分から11月分を12月10日までに、また12月分から翌年の5月分を翌年6月10日までに納めることになります。

住民税も所得税と同様で、企業に勤めている会社員の場合は会社が給与を支払う時点で源泉徴収することが定められていま

小規模事業所には納期の特例がある

労働者が少ない事業所では、所得税を納付するための毎月の手続きが事業主の負担となることもある。そこで、常時使用する労働者の数が10人未満の小規模な事業所については、あらかじめ税務署に一定の届出（源泉所得税の納期の特例の承認に関する申請書）を提出することにより、年2回の納付にすることができる。1月～6月分を7月10日に、7月～12月分を1月20日までに納付すればよいことになる。

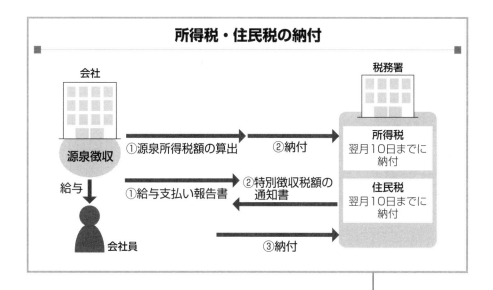

所得税・住民税の納付

会社

源泉徴収

給与

会社員

①源泉所得税額の算出

①給与支払い報告書

②納付

②特別徴収税額の通知書

③納付

税務署

所得税
翌月10日までに納付

住民税
翌月10日までに納付

す。住民税の計算は会社で行う必要はありません。会社が提出した「給与支払報告書」あるいは税務署の「確定申告書」に基づいて、各市区町村が前年分の所得から住民税額を算出し、それを記載した「特別徴収税額の通知書」を会社に送付することになっています。特別徴収税額の通知書に記載の月割額が毎月の給与から源泉徴収される額となります。

退職者が出た場合には、異動届を退職の翌月10日までに市区町村に提出します。退職日が1月1日～4月30日であった場合は、会社は未徴収税額を一括で源泉徴収します。退職日が5月中であった場合、最終の5月の住民税を源泉徴収します。退職日が6月1日～12月31日であれば、会社が一括で源泉徴収を行うか、退職者が自ら支払うか（普通徴収）、次の会社が決まっている場合は特別徴収を継続するかを退職者が選択することになります。

いずれにせよ、退職者の最終の給与計算では、一括徴収で住民税の徴収額が多くなる場合もあるため、退職者への事前の確認と説明が必要になります。

所得控除

所得控除には納税者の個々の事情を反映させる役割が
ある

■ 所得控除とは

　所得税では、労働者保護のための社会政策などを考慮して、各種の所得控除が設けられています。

　所得控除には、①雑損控除、②医療費控除、③社会保険料控除、④小規模企業共済等掛金控除、⑤生命保険料控除、⑥地震保険料控除、⑦寄附金控除、⑧障害者控除、⑨寡婦・ひとり親控除、⑩勤労学生控除、⑪配偶者控除、⑫配偶者特別控除、⑬扶養控除、⑭基礎控除、⑮所得金額調整控除を含めて15種類があります。

　控除の対象となる配偶者に該当するか、または、扶養親族に該当するかは、その年の12月31日の状況により判断します。

■ 雑損控除とは

　災害や盗難、横領などによって、資産について損害を受けた場合に受けることができる一定の金額の所得控除のことです。控除の対象となるための要件としては、まず、申告者または申告者と生計を一にする親族（家族など）で、総所得金額等が48万円以下である人が、災害・盗難・横領により、生活に通常必要な住宅、家具、衣類などの資産について損失を受けたことが挙げられます。

　控除額は、次の@と⑥のうち、多い金額が控除額となります。

@　差引損失額－総所得金額等×10％

⑥　差引損失額のうち災害関連支出の金額－５万円

所得控除の意味

控除とは「差し引く」という意味である。税金によってさまざまな控除があるが、そこには納税者個々の事情を反映するという意味合いがある。

所得控除の適用

基本的には本人の所得について判断するが、障害者控除や扶養控除、配偶者控除のように、配偶者や扶養親族を対象とするものもある（次ページ図参照）。

雑損控除の原因

損害の原因は、①震災、風水害、冷害、雪害、落雷など自然現象の異変による災害、②火災、火薬類の爆発など人為による異常な災害、③害虫などの生物による異常な災害、④盗難、⑤横領のいずれかに該当した場合に限られる。

所得控除の適用関係

	本　人	配偶者	扶養親族
障害者控除	○	○	○
寡婦・ひとり親控除	○		
勤労学生控除	○		
配偶者控除		○	
配偶者特別控除		○	
扶養控除			○
基礎控除	○		

※ ○印がついた人について、該当する事情がある場合にその所得控除が適用される。たとえば、寡婦・ひとり親控除や勤労学生控除は納税者本人が、寡婦・ひとり親や勤労学生であることが必要である。一方、障害者控除については、納税者自身だけでなく、納税者の配偶者や扶養親族が所得税法上の障害者にあてはまる場合にも、障害者控除を受けることができる。

■ 医療費控除とは

　自分自身や家族のために医療費を支払った場合、一定の金額の所得控除を受けることができます。これを医療費控除といいます。医療費控除の対象となる医療費は、納税者が、自分自身または自分と生計を一にする家族のために、かつ、その年の12月31日までに実際に支払った医療費であることが条件です。

　このような費用につき、年間に支払った医療費の総額（保険金等で補てんされる金額を除きます）から10万円（総所得金額等が200万円未満の人は総所得金額等の5％）を差し引いた金額が医療費控除額（上限は200万円）になります。

　この他に、健康の保持増進や疾病の予防への取組みの一環として一定の健康診査や予防接種などを行っているときは、医療費控除との選択により、特例として年間12,000円を超える特定一般用医薬品等購入費（ドラッグストアなどの市販薬など）を所得から控除（8万8000円を限度）できるセルフメディケーション税制があります。

> **医療費控除の対象となる医療費**
> ① 医師、歯科医師に支払った診療代
> ② 治療、療養のために薬局で買った医薬品代
> ③ 病院等に支払った入院費
> ④ 治療のためのあんま、はり、きゅう、整体などの施術費
> ⑤ 保険師、看護師または特に依頼した人による療養上の世話代、助産師介助、介護福祉士業務の一部など（心付けは除く）
> ⑥ 介護保険制度の下で提供された一定の施設・居宅サービスの自己負担額などが、対象となる主な内容。一方、美容整形や健康診断の費用は対象外

■ 社会保険料控除とは

　納税者が、自分自身や納税者と生計を一にする配偶者やその他の親族の社会保険料を支払った場合や給与から天引きされた場合に適用される所得控除です。

　社会保険料とは、健康保険・船員保険・後期高齢者医療保険・介護保険の保険料、国民健康保険（税）、国民年金・厚生年金の保険料、国民年金基金・厚生年金基金の掛金などのことです。その年において支払った社会保険料の額と給与などから天引きされた社会保険料の額の全額が控除されます。

■ 小規模企業共済等掛金控除とは

　中小企業基盤整備機構と締結した共済契約や、確定拠出年金法で定められている個人型年金の掛金、心身障害者扶養共済制度の掛金を支払った場合に適用を受けることができます。

　控除される金額は、納税者がその年に支払った掛金の全額となっています。この控除が適用されるのは、納税者がその年において、次の掛金を支払った場合です。

ⓐ　中小企業基盤整備機構の共済契約に基づく掛金

ⓑ　確定拠出年金法の個人型年金または企業型年金加入者掛金

ⓒ　条例の規定により地方公共団体が実施する心身障害者共済制度にかかる契約に基づく掛金

■ 生命保険料控除とは

　生命保険料や個人年金保険料を支払った場合に、一定の金額の所得控除を受けることができますが、これを生命保険料控除といいます。控除の対象となる生命保険料とは、保険金などの受取人のすべてを自分または自分の配偶者やその他の親族としている生命保険契約の保険料や掛金です。一方、個人年金保険料の場合は、個人年金保険契約の保険料や掛金が対象となります。個人年金保険契約とは、生命保険会社と契約した個人年金

生命保険料控除の金額

● 平成23年12月31日以前に締結した保険契約（旧契約）

	支払保険料等	控除される額
旧生命保険料・旧個人年金保険料の金額	25,000円以下の場合	支払保険料等の全額
	25,000円を超え50,000円以下の場合	（年間支払保険料×1／2）+12,500円
	50,000円を超え100,000円以下の場合	（年間支払保険料×1／4）+25,000円
	100,000円を超える場合	一律50,000円

● 平成24年1月1日以後に締結した保険契約（新契約）

	支払保険料等	控除される額
一般の生命保険料・介護医療保険料・個人年金保険料の金額	20,000円以下	支払保険料等の全額
	20,000円を超え40,000円以下の場合	（支払保険料等×1／2）+10,000円
	40,000円を超え80,000円以下の場合	（支払保険料等×1／4）+20,000円
	80,000円を超える場合	一律40,000円

保険契約などのうち一定のものをいいます。

　生命保険料控除の限度額は、①平成24年1月1日以後に締結した保険契約等に関する控除（新契約）、②平成23年12月31日以前に締結した保険契約等に関する控除（旧契約）、③新契約と旧契約双方に加入している場合の控除を合わせて12万円です。

■ 地震保険料控除とは

　地震保険料控除は、居住用の家屋や生活用の動産について地震が原因で被った損害に備えて支払った保険料や掛金が対象となります。控除額は地震保険料について支払った金額すべてとなっていますが、上限は50,000円です。

双方の契約の適用

新契約と旧契約の双方について控除の適用を受ける場合、新契約の控除額と旧契約の控除額の合計額（最高12万円）が控除額となる。

■ 寄附金控除とは

国や地方公共団体、特定公益増進法人などに対し、特定寄附金を支出した場合に、受けることができる所得控除をいいます。その年中に支出した特定寄附金の額が2,000円を超えた場合に寄附金控除の対象となります。

寄附金控除を受ける場合、寄附した団体などから交付を受けた受領書などによって寄附したことを証明する必要があります。

控除額の金額は、次の@、ⓑいずれか少ない方の金額から2,000円を差し引いた額が寄附金控除額となります。

@　その年に支払った特定寄附金の合計額

ⓑ　その年の総所得金額等の40％相当額

特定寄附金

申告者が特定寄附金を支払ったときに適用される。特定寄附金とは、主に次のような寄附金のこと。
・国や地方公共団体に対する寄附金
・学校法人、社会福祉法人などの特定の団体に対する寄附金
・公益法人などに対するもので財務大臣の指定した寄附金
・特定公益増進法人の主たる目的である業務に関連する寄附金
・NPO法人への寄附金のうち一定のもの
・一定の政治献金

■ 障害者控除とは

納税者本人、または控除の対象となる配偶者や扶養親族が所得税法上の障害者（精神障害者保健福祉手帳の交付を受けている人など）にあてはまる場合に受けることのできる所得控除です。

控除できる金額は障害者1人について27万円です。また、特別障害者に該当する場合は40万円になります。特別障害者とは、身体障害者手帳に1級または2級と記載されているなど、重度の障害のある人のことです。なお、扶養親族または控除対象配偶者が同居の特別障害者である場合には、特別障害者に対する障害者控除の額は75万円になります。

■ 寡婦控除・ひとり親控除とは

申告者本人が寡婦またはひとり親である場合に適用され、次の@ⓑいずれかの金額が控除額となります。

@　寡婦控除：27万円（夫と離婚した後未婚で扶養親族となる子がいる、または夫と死別等により未婚で扶養親族がおらず、合計所得金額が500万円以下の場合）

ⓑ　ひとり親控除：35万円（未婚で生計を一にする子がおり、

地震保険料控除の金額

ⓐ 地震保険料

支払った地震保険料	控　除　額
50,000円以下	全額
50,000円超	50,000円

ⓑ 旧長期損害保険料

支払った損害保険料	控　除　額
10,000円以下	全額
10,000円超　20,000円以下	支払保険料×1/2＋5,000円
20,000円超	15,000円

地震保険料の控除額 ＋ 旧長期損害保険料の控除額 ＝ 地震保険料控除額（最高50,000円）

合計所得金額が500万円以下の場合）

■ 勤労学生控除とは

　所得税法上の勤労学生にあてはまる場合に受けられる所得控除のことで、一律27万円です。申告者本人が勤労学生であるときに適用されます。勤労学生とは、学生・生徒・児童などの特定の学校の学生・生徒であって、自分の勤労によって得た給与所得等があり、合計所得金額が75万円以下で、かつ、給与所得以外の所得が10万円以下である者のことをいいます。

■ 配偶者控除とは

　納税者に控除対象配偶者がいる場合には、一定の金額の所得控除が受けられます。これを配偶者控除といいます。

　控除対象配偶者とは、納税者の配偶者でその納税者と生計を一にする者のうち、年間の合計所得金額が48万円以下である人のことです。配偶者控除額は原則38万円（控除対象配偶者が70歳以上の場合は48万円）です。ただし、納税者自身の合計所

長期障害保険

保険期間が10年以上でかつ満期時に満期返戻金が支払われる保険のこと。

勤労学生控除を受ける場合

勤労学生控除を受けるためには、年末調整の際に控除を受けるか、勤労学生控除に関する事項を記載した確定申告書を提出する。専修学校等の学校に通っている人が確定申告をする場合には、学校長等から証明書を受け、申告書に添付する必要がある。

特定の学校

学校教育法に規定する小学校、中学校、高等学校、大学、高等専門学校など。

金額が900万円超の場合には、段階的に控除額が引き下げられて、1,000万円超になると控除は受けられません。

■ 配偶者特別控除とは

配偶者の年間合計所得金額が48万円を上回ってしまうと、配偶者控除を受けることはできませんが、納税者自身の合計所得金額が1,000万円以下で、配偶者の合計所得金額が48万円超133万円以下の場合には、配偶者の所得金額の程度に応じて、一定の金額の所得控除（1万円から38万円）が受けられる配偶者特別控除があります。

■ 扶養控除とは

納税者に扶養親族がいる場合には、一定の金額の所得控除が受けられます。これを扶養控除といいます。扶養親族とは、納税者と生計を一にする配偶者以外の親族、養育を委託された児童、養護を委託された老人で所得金額の合計が48万円以下である人のことです。

「生計を一にする」とは、必ずしも同一の家屋で起居していることを要件としていないため、たとえば、勤務、修学、療養等の都合上別居している場合であっても、余暇には起居をともにすることを常例としている場合（休暇の時は一緒に生活している場合など）や、常に生活費、学資金、医療費等を送金している場合には、「生計を一にする」ものとして取り扱われます。扶養控除の金額については次ページ図のとおりです。

■ 基礎控除とは

基礎控除は、従来は所得の多寡に関係なく一律38万円でしたが、令和2年以降の所得より、所得金額が2,400万円以下の場合には48万円、2,400万円超2,450万円以下の場合には32万円、2,450万円超2,500万円以下の場合には16万円、2,500万円超の場

扶養控除・配偶者控除との関係

扶養親族や控除対象配偶者が障害者の場合、扶養控除や配偶者控除と障害者控除は別々の制度であるから、それらを合算した額を申告者の所得から控除することができる。

配偶者控除・扶養控除の額

区　　分 (注1)		控除額
配偶者控除	70歳未満　　（一般の控除対象配偶者）	38万円
	70歳以上　　（老人控除対象配偶者）	48万円
扶養控除	16歳以上19歳未満	38万円
	19歳以上23歳未満（特定扶養親族）	63万円
	23歳以上70歳未満	38万円
	70歳以上　　　　　　（老人扶養親族）	48万円
	同居老人扶養親族 (注2)　　の加算	58万円

(注) 1　区分の欄に記載している年齢はその年の12月31日現在によります。
　　 2　同居老人扶養親族とは、老人扶養親族のうち納税者またはその配偶者の直系尊属で納税者
　　　　またはその配偶者と常に同居している同居親族をいいます。

合には0円に低減されました。

■ 所得金額調整控除とは

　平成30年度税制改正により、令和2年以降の所得に対して所得金額調整控除という新たな所得控除が新設されました。これは、令和2年以降、給与所得控除額や控除額の上限額が引き下げられたことなどにより、給与収入850万円超の納税者を対象に、税負担を少しでも抑えるために、次のいずれかに該当する場合には所得金額調整控除を受けることができます。

・納税者本人が特別障害者である
・特別障害者の同一生計配偶者または扶養親族がいる
・23歳未満の扶養親族がいる

　具体的には、年収が850万円を超えた額に10％を掛けた額（15万円が上限）の所得控除が受けられます。

　なお、年末調整により所得金額調整控除の適用を受けるには、その年最後に給与等の支払を受ける日の前日までに、給与の支払者に「所得税額調整控除申告書」を提出する必要があります。

税額控除

所得税額から一定金額を直接控除できる制度

所得控除

所得税が課される所得
金額から差し引かれる
金額のことをいう。社
会政策上の配慮などか
ら設けられている。所
得から一定金額を控除
することで、所得税を
少なくする効果がある。
所得控除は、応能負担
（各人の能力に応じて
税金を負担すること）
の課税を行う上で重要
な役割を果たしている
といえる。

■ 税額控除とは

　税額控除とは、所得税額から直接控除できるとても有利な制度です。所得税額は、課税所得金額×税率で求めることができますので、税額控除時は、所得税額＝（課税所得金額×税率）−税額控除額となります。同じ控除という名前がつく所得控除では、所得税額＝（課税所得金額−所得控除額）×税率となります。仮に、課税所得金額190万円、税率5％で、一方は5万円の税額控除、もう一方は、5万円の所得控除があった場合を数式に当てはめて計算してみると、前者の所得税額は4万5000円、後者は9万2500円となります。このように、税額控除は、所得税額に与える影響が大きい制度だといえます。

　税額控除には配当控除・外国税額控除・住宅借入金等特別控除などがあります。

① 配当控除

　個人が株式の配当金等を受け取った場合において、一定の方法により計算した金額を、その個人の所得税額から控除するものです。

② 外国税額控除

　個人が外国から得た所得（配当金など）には、すでに現地国の所得税などが課税（源泉徴収）されています。この所得につき、さらに日本で課税すると、外国税と所得税が重複して課税されることになってしまいます。そこで、外国税額控除を設けることによって、外国税と所得税の二重課税を排除するしくみになっています。

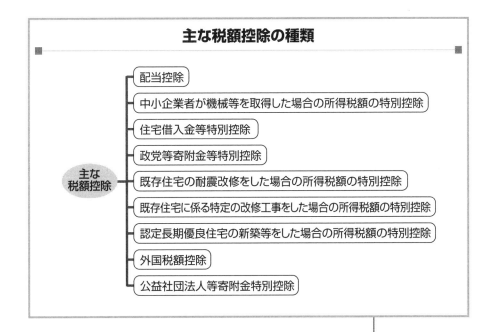

主な税額控除の種類

主な税額控除

- 配当控除
- 中小企業者が機械等を取得した場合の所得税額の特別控除
- 住宅借入金等特別控除
- 政党等寄附金等特別控除
- 既存住宅の耐震改修をした場合の所得税額の特別控除
- 既存住宅に係る特定の改修工事をした場合の所得税額の特別控除
- 認定長期優良住宅の新築等をした場合の所得税額の特別控除
- 外国税額控除
- 公益社団法人等寄附金特別控除

③　住宅借入金等特別控除（住宅ローン控除）

　個人が住宅を購入したとき（中古住宅を含む）などに金融機関で住宅ローンを組んだ場合に受けられる控除です。居住した年から一定期間、住宅ローンの残高に応じて控除を受けることができます。

　これらの他にも、認定長期優良住宅と呼ばれる一定の住宅を新築等した場合の税額控除、省エネや耐震に効果のある改修を行った場合の税額控除などがあります。

　住宅ローン控除は、年末調整時に処理します。そのため、あらかじめ控除の対象者に対して、住宅ローン控除に関する計算明細書や借入金の年末残高証明書の提出を求めておきます。なお、住宅ローン控除は居住開始年に応じて控除の内容が異なるため、注意が必要です。

　また、従業員が住宅ローンを組んだ初年については、住宅ローン控除の申請は従業員自身が確定申告をすることになります。

Column

パートタイマーの源泉徴収

　会社員の配偶者がパートで働く場合、年収103万円以下であれば、配偶者本人の所得税が課税されず、会社員の控除対象配偶者になれます。給与収入から控除される給与所得控除額が最低55万円、すべての人が対象となる基礎控除額が48万円（合計所得金額が2400万円以下の場合）であるため、年収103万円以下であれば所得が「ゼロ」になり、所得税が課税されません。

　ただし、配偶者特別控除が適用される場合には、配偶者の年収150万円まで配偶者控除と同額（38万円、配偶者が70歳以上の場合は48万円）の控除が受けられます（150万円超から減少して201万円超でゼロとなる）。そして、パートタイマーであっても、所得税を源泉徴収されていた場合、年末調整（1年間に源泉徴収した所得税の合計額と本来の所得税額を一致させる手続）を行うことにより、源泉所得税の還付を受けることができます。

■ 税金や社会保険に関する収入要件 ……………………………

	対象	制限の内容
100万円を超えると	住民税	保育園や公営住宅の優先入所、医療費助成などの自治体のサービスの一部が制限される場合がある
103万円を超えると	所得税	夫（妻）が所得税の配偶者控除を受けられなくなる ※「150万円以下」の場合は同額の配偶者特別控除を受けられる
130万円を超えると	社会保険	健康保険などの夫（妻）の被扶養者にはなれない ※常時501人以上の企業では「年収106万円以上」となる

PART 5

その他知っておきたい！
さまざまな税金

会社にかかる住民税

法人住民税にも、道府県民税と市町村民税がある

■ 法人住民税とは

会社が納める住民税を法人住民税といいます。個人住民税と同じく、法人住民税にも道府県民税と市町村民税があります。ただし、東京特別区だけに所在する法人には区の分と合わせて法人都民税として課税されます。法人住民税には、下記の2つがあります。

① 均等割

法人の所得が黒字、赤字を問わず資本金や従業員数等に応じて課税されるものです。道府県民税が最低2万円から5段階、市町村民税が最低5万円から10段階に分かれています。

② 法人税割

個人住民税における所得割に相当するもので、原則として国に納付する法人税額を基礎として課税されます。税率は、地方公共団体ごとに、「標準税率」（税率を定める場合に通常よるべきものとされている税率）と「制限税率」（最高税率のこと）の範囲内で定められています。国に納付する法人税額にこの税率を掛けて、税額が決まります。標準税率は、道府県民税が1.0％、市町村民税が6.0％となっています。

法人住民税は、原則としてその都道府県・市区町村に事務所・事業所・寮等を有している会社が納める税金です。その内容により課税される税金が異なります。都道府県・市区町村に事務所・事業所を有する会社は、均等割額・法人税割額の両方が課税されます。都道府県・市区町村内に寮などを有する会社でその都道府県・市区町村内に事務所・事業所等を有していな

市区町村への届出が必要な場合

市区町村内に法人を設立または事業所を設置した場合は「設立等届出書」を、市区町村内に事業所等がある法人で、事業年度、名称、所在地、代表者、資本等の変更または法人の解散、清算結了、事業所の閉鎖等があったときは、「異動届出書」を提出する必要がある。「設立等届出書」「異動届出書」を提出する際は、「登記事項証明書」などの添付が必要である。

法人住民税の概要

法人住民税	道府県民税	均等割額	資本金・従業員数等に応じて課税
		法人税割額	法人税額を基礎として課税
	市町村民税	均等割額	資本金・従業員数等に応じて課税
		法人税割額	法人税額を基礎として課税

い場合は、均等割額のみが課税されます。

■ 法人住民税の申告納付期限について

　法人住民税も法人税と同様に申告納税制度によりますので、「確定申告書」を作成し、提出しなければなりません。申告納付期限は、法人税と同様、各事業年度終了の日の翌日から2か月以内です。ただし、申告期限については、会計監査人の監査を受けるなどの理由で2か月以内に決算が確定しない場合には、事業年度終了の日までに申請書を提出すれば、原則として、1か月間申告期限を延長できます。なお、納税については、通常の申告納付期限である2か月を超えて納税をした場合、別途利子税がかかります。

■ 複数の地域に営業所がある場合

　複数の都道府県や市区町村に営業所などがある場合には、次のように法人税割を計算します。

　まず、当期の法人税額を各営業所の従業員の数で按分します。そして、各地方公共団体で定める税率をそれぞれ按分した法人税額に掛けて法人税割を求めます。均等割については、営業所が所在するそれぞれの都道府県や市区町村の定める均等割を納めます。

会計監査人を置いている場合

会計監査人を置いている場合で、かつ、定款で事業年度終了日の翌日から3か月以内に決算に関する定時総会が開催されない定めになっている場合には、決算日後最長6か月まで申告期限を延長することができる。

中間申告が必要な法人のケース

個人住民税と異なり中間申告制度が設けられている。事業年度が6か月を超える法人については、事業年度開始の日以後6か月を経過した日から2か月以内に中間申告書を提出し、住民税を納付する必要がある。中間申告の方法についても、法人税と同様に「仮決算」と「予定申告」の2種類の方法がある。

法人事業税

· ·

行政サービスの経費の一部を負担する性格の税金である

■ 行政サービスの経費の一部を負担する

　法人事業税とは、都道府県に事務所・事業所または国内に恒久的な施設を有し、事業を行う法人に課税されるもので、法人が都道府県から受けるサービスの経費の一部を負担する性格の税金です。事業税を負担する法人側の処理としては、法人税などの課税所得計算において、一般の経費と同様に損金処理が認められています。

　法人事業税は、国内で事業を行う法人に課税されますが、国・都道府県・市区町村・公共法人には課税されません。また、公益法人等の公益事業に係る所得については、法人事業税が課税されませんが、公益法人等の収益事業については、普通法人と同じように法人事業税が課税されます。

　法人事業税は、電気供給業・ガス供給業・生命保険事業・損害保険事業を行う法人については、その法人の各事業年度の収入金額が、それ以外の事業を行う一般の法人については、各事業年度の所得金額が課税標準となります。資本金・床面積等の外形を使う方法もありますが、通常は所得金額を課税標準とする方法をとっています。

■ 外形標準課税以外の法人事業税はどのように計算するのか

　各事業年度の所得金額は、法人税申告書「別表四」の「総計」の所得金額に一定の金額を加減算して求め、その所得金額に次の標準税率を乗じて法人事業税を計算します。

　令和元年10月１日以後に開始する事業年度の、資本金１億円

特別法人事業税

令和元年10月１日以後に開始する事業年度より、法人事業税の一部が分離され国税としての特別法人事業税が創設された。特別法人事業税を各都道府県に再配分して、地方間での税収格差を是正することが期待される。

外形標準課税適用法人以外の法人事業税（標準税率）

対象となるのは資本金１億円以下の法人

所 得 割	400万円以下の所得：0.4% 400万円超800万円以下の所得：0.7% 800万円超の所得：1.0%

※この他、所得割額×37%の特別法人事業税が課される

以下の普通法人への標準税率は、所得のうち年400万円以下の金額については3.5％、所得のうち年400万円超800万円以下の金額については5.3％、所得のうち年800万円超の金額及び清算所得の金額については7.0％となります。さらに、標準税率で計算された法人事業税（基準法人所得割額）に37％を掛けた額を特別法人事業税（国税）として合わせて納める必要があります。

なお、法人事業税は地方税なので、各都道府県が政令で定めた規定によって課されるため、資本金の額や所得金額などに応じて税率が異なります。ただし、標準税率に1.2を乗じた税率の範囲内でしか適用することができません。

■ 法人事業税はいつ申告・納付するのか

法人事業税も法人税と同様、申告納税制度によりますので確定申告書を作成して申告納付しなければなりません。申告納付期限は、法人税と同様、各事業年度終了の日の翌日から２か月以内です。

中間申告納付についても、法人税と同様、その事業年度開始の日から６か月を経過した日から２か月以内に申告納付しなければなりません。この申告方法にも、法人税と同様に「予定申告」「仮決算」の２つの方法があります。

外形標準課税

資本金1億円超の法人に対して課される付加価値割、資本割

■ 外形標準課税とは

外形標準課税とは、所得に対して課税するのではなく、事業所の床面積や従業員数、資本金の額など客観的に判断できる基準をもとに課税する制度です。

外形標準課税は、従来事業税を負担していなかった赤字企業にも税負担を求める代わりに、所得に対する税率は一般法人に比べて低くなっています。そのため、利益獲得力の高い企業にとっては、税金負担を減少させる効果があります。つまり、黒字企業はより拡大・発展を、逆に赤字企業については、市場からの撤退を促すことになり、その結果、経済の活性化と構造改革を促進させることにつながるといわれています。また、外形標準課税は、資本金が1億円を超える法人に対して適用されます。ただし、収入金額を事業税の課税標準とする一定の法人（電気・ガス事業者など）及び一般社団・一般財団法人、投資法人、特定目的会社には適用されません。

■ 外形標準課税適用法人の税額はどうやって計算するのか

外形標準課税適用法人では、法人の所得、付加価値額、資本金等の額の3つの金額を課税標準として、それぞれの課税標準に一定税率を掛けたものを合算して法人事業税を計算します。所得に税率を掛けたものを所得割、付加価値額に税率を掛けたものを付加価値割、そして資本金等の額に税率を掛けたものを資本割といいます。

各事業年度の所得の算定方法は従来どおりです。各事業年度

外形標準課税適用法人の法人事業税（標準税率）

対象となるのは資本金１億円を超える法人

付加価値割	資　本　割
税率1.2%	税率0.5%

所　　得　　割

税率：400万円以下の所得0.4%、
　　　400万円超800万円以下の所得0.7%、
　　　800万円超の所得1.0%（※）

※この他、所得割額×260%の特別法人事業税が課される

の付加価値額は、各事業年度の収益配分額（給与、支払利子、支払賃借料などの合計額）と単年度損益（繰越欠損金控除前の法人事業税の所得金額）との合算により算定されます。資本金等の金額は、各事業年度終了の日における資本金等の額（資本金から無償増減資等の額を加減算した額）と、資本金及び資本準備金の合計額のいずれか高い額に基づきます。

　所得割に対する標準税率は、令和元年10月１日以後開始する事業年度は、所得のうち400万円以下が0.4%、400万円超800万円以下が0.7%、800万円超が1.0%となっています。この他に基準法人所得割額（標準税率により計算した法人事業税の所得割額）に260%を掛けた特別法人事業税が課されます。

　付加価値割に対する標準税率は1.2%、資本割に対する標準税率は0.5%が適用されます。所得割の事業税同様、各都道府県が政令で定めた規定によって課されるため、資本金の額や所得金額などに応じて税率が異なります。ただし、標準税率に1.2を乗じた税率の範囲内でしか適用することができません。

自動車にかかる税金

・・・・・・・・・・・・・・・・・・・・・・・・・・・・・・

自動車の取得や保有にはいろいろな税金がかかる

■ 自動車税とは

自動車には、消費税の他に自動車税、軽自動車税、自動車重量税などが課されますが、代表的なのは自動車税です。自動車税は、自動車を保有していることに対してかかる財産税という位置付けの都道府県税です。

自動車税（種別割）は、毎年4月1日時点の自動車の所有者に課される税金で、納税義務者に5月31日期限の納付書が送られてきます。納付書には証明書がついていて、納付しないと車検が受けられないしくみになっています。自動車税の対象となる自動車は、乗用者・トラック・バスで、税額は自家用、営業用の区分と総排気量で決まります。

■ 自動車税・軽自動車税の種別割と環境性能割

軽自動車税と自動車税は、ともに「種別割」と「環境性能割」で構成されています。

種別割は、自動車や軽自動車の所有者に対して課税されるものです。自動車税の排気量等に応じて毎年課税される自動車税は、令和元年10月より、従来の自動車税から「自動車税種別割」に名称変更されています。また、軽自動車についても、それ以前に施行されていた軽自動車税から「種別割」へと名称変更されています。

環境性能割とは、令和元年9月まで適用されていた自動車取得税に代わって、令和元年10月より導入された税金です。特殊自動車を除く自動車を取得したときに課税される都道府県税で、

自動車税種別割

自家用乗用車（三輪の小型自動車を除く）に対する総排気量別の税率が決まっていて、令和元年10月以後に新車登録をしたものから新税率が適用されている。

自動車にかかる税金

	課税対象	納付時期
自動車税環境性能割（※）	特殊自動車を除く自動車を取得した人	自動車の新規登録または移転登録をするときに納付
自動車重量税	自動車の重量	自動車の新規登録や車検のときなどに納付
自動車税種別割	毎年4月1日時点の自動車の所有者	送付された納税通知書により、毎年5月31日までに納付
消費税	自動車を取得した人	取得時（売り手が預かって納付）

※令和元年9月までの自動車取得税が廃止され、令和元年10月より自動車税環境性能割が新設された

取得価額が50万円以下であれば免税という点は、自動車取得税と変わりません。燃費性能の良い車は税負担が軽くなり、燃費性能の悪い車は税負担が重くなる性質をもつ税金で、自家用乗用車について令和2年度燃費基準値より20％以上燃費性能の良いものは非課税、10％以上燃費性能の良いものは税率1％、令和2年度燃費基準値を満たすものは税率2％といった要件が詳細に定められています。

■ 自動車重量税は新車登録や車検時に納付する

　自動車重量税とは、自動車の重量に対して課せられる国税です。新しく車を登録する新規登録や継続検査（車検）のときなどに納めます。

　自動車重量税は、自動車検査証の交付等または車両番号の指定を受ける時までに、原則として、その税額に相当する金額の自動車重量税印紙を自動車重量税納付書に貼って納付します。

　税率は車の重さによって異なり、税額は年額で定められていて、乗用車は車の重量（車両重量）に対して課税されますが、

トラック・ライトバンなどの貨物車は車両総重量（車両重量+最大積載量+乗車定員の重さ）に対して課税されます。また、小型二輪車及び軽自動車は1台ごとに定額で定められています。

低公害車は、平成24年5月1日以降に新車新規検査の際に納付すべき税額について減免または免除される他、中古取得の場合も、期間内に受ける車検の際の重量税が50%または75%減税となります（エコカー減税）。平成26年度の税制改正では、低公害車に対しては2回目の車検まで免除されるなど、さらに拡充されることになりました。

また、自動車重量税については、使用済自動車の不法投棄の防止及びリサイクル促進という観点から、自動車検査証の有効期間内に使用済みとなり、使用済自動車の再資源化等に関する法律（自動車リサイクル法）に基づいて適正に解体された自動車について自動車重量税の還付措置が設けられています。車検残存期間が1か月以上の場合は、申請により残存期間に相当する金額が還付されます。

■ 優遇措置について

環境負担の少ない電気自動車やハイブリッド車などを対象に優遇措置がとられています。優遇措置には、自動車重量税を対象とした「エコカー減税」と、自動車税種別割を対象とした「グリーン化税制」の大きく2種類があります。

エコカー減税については、令和3年4月30日までに受ける新車検査や車検の際に減税あるいは免税の適用となります。

グリーン化税制は、自動車所有者に対し毎年課される自動車税種別割について、その車の環境負荷の度合いに応じて優遇と重課を設けた措置です。排出ガス性能及び燃費性能の優れた環境負荷の少ない自動車に対しては、登録した翌年度の自動車税が、おおむね50%から75%軽減されます。

反対に、新車新規登録（初度登録）から一定年数を経過した

毎年発生する自動車税種別割の金額

排気量	自動車税種別割
軽自動車	営業用 6,900円（自家用 10,800円）
1000cc 以下	営業用 7,500円（自家用 25,000円）
1000cc 超 1500cc 以下	営業用 8,500円（自家用 30,500円）
1500cc 超 2000cc 以下	営業用 9,500円（自家用 36,000円）
2000cc 超 2500cc 以下	営業用 13,800円（自家用 43,500円）
2500cc 超 3000cc 以下	営業用 15,700円（自家用 50,000円）
3000cc 超 3500cc 以下	営業用 17,900円（自家用 57,000円）
3500cc 超 4000cc 以下	営業用 20,500円（自家用 65,500円）
4000cc 超 4500cc 以下	営業用 23,600円（自家用 75,500円）
4500cc 超 6000cc 以下	営業用 27,200円（自家用 87,000円）
6000cc 超	営業用 40,700円（自家用 110,000円）

環境負荷の大きい自動車は税率を重くしています。地球温暖化防止及び大気汚染防止の観点から、環境にやさしい自動車の開発・普及の促進を図るための措置です。このグリーン化税制は、令和3年3月31日まで適用されます。優遇措置にはその他にも、「ASV・バリアフリー車両減税」などがあります。

ASV車両減税（先進安全自動車に対する税制特例）及びバリアフリー車両減税も税制改正により、令和3年3月31日まで適用されています。対象となる自動車がエコカー減税やバリアフリー減税、ASV減税の対象になる場合は、自動車重量税は軽減税率の高い減税が優先（同率の場合はエコカー減税優先）されます。また、自動車取得税についてはエコカー減税、バリアフリー減税、ASV減税のうちいずれかを選択することが可能です。

エコカー減税

排出ガス性能及び燃費性能の優れた環境負荷の小さい自動車を取得した場合は、その排出ガス性能に応じ、自動車重量税を減免する制度である。

適用期限

エコカー減税、グリーン化税制、ASV車両減税、バリアフリー車両減税については、いずれも令和3年度税制改革大綱では適用期限が延長される予定となっている。

不動産の取得や売却時にかかる税金

印紙税、登録免許税、不動産取得税、消費税などの税金がかかる

■ 契約時に印紙税がかかる

　土地や建物を売った場合に作成される不動産売買契約書には、売買代金に応じた印紙税（188ページ）を納付しなければなりません。不動産売買契約書については、売主・買主双方で契約書を作成し、保存する場合にはそれぞれの契約書が課税文書に該当しますので、それぞれの契約書に印紙の貼付が必要になります。建物の請負工事契約書や借入金等の金銭消費貸借契約書等にも印紙を貼り、消印をします。これが印紙税の納付となります。

■ 登記時に登録免許税がかかる

　土地、建物を取得した後、その権利を第三者に対抗（主張）するためには登記をしなければなりません。登記を行う場合に必要な税金が登録免許税（192ページ）です。登録免許税は、固定資産税課税台帳に記載されている価額（固定資産税評価額）に基づいて計算します。

■ 不動産取得税という税もかかる

　不動産取得税は、土地や建物を買ったり建物を建築した場合に、その取得した者に対して課税されます。納税義務者は、不動産を売買・建築などで取得した者で、課税標準となる不動産の価格は、固定資産課税台帳に登録されている固定資産税評価額に基づいて計算します。

　不動産取得税の計算は、具体的には、取得した不動産の価格（課税標準額）に税率を掛けて求めます。

登録免許税の軽減措置等

土地の売買による登記では、税率は取得価格の1000分の20である。ただ、令和3年3月31日までに取得した場合は1000分の15になる軽減措置が設けられている（令和3年度税制改正大綱では、適用期限が2年延長される予定）。住宅の売買による登記の場合も、令和4年3月31日までの取得には軽減税率が適用されている。

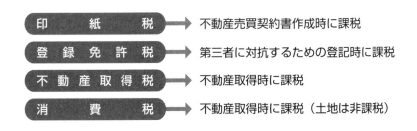

不動産取得時の税金

印　　紙　　税	➡ 不動産売買契約書作成時に課税
登　録　免　許　税	➡ 第三者に対抗するための登記時に課税
不　動　産　取　得　税	➡ 不動産取得時に課税
消　　費　　税	➡ 不動産取得時に課税（土地は非課税）

　令和３年３月31日までに宅地を取得した場合は、取得した不動産の価格×２分の１を課税標準額とします。令和３年３月31日までに住宅及び土地を取得した場合、税率は３％です。さらに、一定の要件を満たす住宅用土地を取得した場合には、床面積の２倍相当額が減額される特例があります。なお、取得した不動産の課税標準額が、土地の場合は10万円、新築や増築した家屋の場合は23万円、売買等により取得した家屋の場合は12万円未満のときは課税されません。

　また、一定の床面積要件を満たす住宅については、取得した不動産の価格から控除額を差し引いて計算します。控除額は、新築住宅の場合1,200万円（令和４年３月31日までに取得した認定長期優良住宅の新築の場合については1,300万円）、耐震基準に適合する中古住宅の場合、建築年次により100万円〜 1,200万円となっています。この控除を差し引いた金額に３％を掛けた金額が住宅にかかる不動産取得税です。

■ 消費税もかかる

　国内にある不動産を事業者から購入した場合には、消費税がかかります。消費税の納税義務者は事業者なので、課税事業者である法人は、買主より消費税を受け取り、納税する義務があ

適用期限

左記の令和３年３月31日までの適用期限は、令和３年度税制改正大綱では、３年延長される予定となっている。

ります。ただし、土地部分については、非課税取引として消費税がかかりません。たとえば、土地建物の総額が4,000万円（税抜）で、消費税10％分が250万円となっている場合は、計算違いではなく、土地代が1,500万円、建物代が2,500万円ということです。

■ 法人税がかかる

個人が土地や建物を譲渡した場合は、他の所得とは分離し、譲渡所得を計算しますが、法人は一事業年度のすべての益金額からすべての損金額を控除することによって、課税所得を算定します。したがって土地等の譲渡代金（益金）についても他の益金と合算して課税所得金額を計算し、この課税所得金額に対して法人税が課税されます。

■ 土地重課課税（法人税）とは何か

法人税の計算はすべての益金からすべての損金を控除して計算しますが、土地等の「長期譲渡」あるいは「短期譲渡」が行われた場合は、通常の法人税の他に期間損益（1事業年度における損益）とは別枠で土地譲渡にかかる重課税額を計算します。したがって、会社の期間損益が損失の場合、通常の法人税はかかりませんが、土地譲渡益があればそれについては課税されます。

ただし、この制度は土地投機抑制や土地取引の活性化を図る目的で、平成10年から令和5年3月31日までの間、適用が停止されています。

■ 低額譲渡課税（法人税）とは何か

法人は経済行為の実施を目的として設立されるため、法人の行為は経済合理性に基づくものと考えられています。そのため法人税においては無償で資産を譲渡した場合であっても、時価で譲渡した場合に本来受け取るべきその対価を贈与（寄附）し

不動産売却時の税金（法人の場合）

法 人 税	→	個人所得税と異なり、不動産売却代は他の益金と合算され課税
法 人 住 民 税	→	法人税の増加に応じて課税
法 人 事 業 税	→	法人所得金額の増加に応じて課税
印 紙 税	→	不動産売買契約書作成時に課税

たものとみなされます。

この場合、寄附金の損金算入限度額を超えた寄附金の額は、損金不算入となり、法人税の課税対象になります。

具体的な事例で説明すると、時価8,000万円、帳簿価額2,000万円の土地を3,000万円で譲渡した場合の処理は、以下のようになります。

（借方）		（貸方）	
現金	3,000万円	土地	2,000万円
寄附金	5,000万円	固定資産売却益	6,000万円

寄附金は交際費と同じように、損金算入限度額が設けられているので、その範囲内であれば損金算入できますが、それを超える部分は課税となります。この事例では、「固定資産売却益－寄附金損金算入限度額」が課税所得となります。

■ 法人住民税・事業税が増える

法人住民税・事業税の計算は、特別の定めがあるものを除き、法人税の計算を基礎として計算されます。したがって、不動産の譲渡益により法人税の課税標準額及び法人税額が増加した場合には、法人住民税・事業税も増加することになります。

> **法人税、法人住民税、法人事業税**
> 不動産の売却損が発生した場合には、不動産の所得以外の所得が黒字であれば節税効果が働き、逆に税金が軽減されることになる。

固定資産税・都市計画税

・・

土地、家屋、償却資産に対して課税される

■ 固定資産税とは

　毎年１月１日現在、土地、家屋などの不動産、事業用の償却資産を所有している人が、その固定資産の価格をもとに算定される税額を、その固定資産の所在する市町村に納める税金です。

　固定資産税は、固定資産の価格である固定資産税評価額に一定の税率1.4％（標準税率）を掛けて求めます。

　固定資産税は土地や家屋に対して課税される他、事業用の償却資産に対しても課税されます。固定資産税の課税対象となる償却資産とは、土地・家屋以外の事業に利用することができる資産をいいます。なお、自動車は別途自動車税が課税されるため、対象となりません。市町村内に事業用資産を所有している者は、毎年１月１日現在の所有状況を１月末日までに申告する必要があります。土地は土地登記簿、家屋は建物登記簿によって課税対象の把握ができますが、償却資産についてはこれに相当するものがないため所有者の申告が義務付けられています。固定資産税は市町村に対して納付し、税額は以下のように計算されます（いくつかの特例が設けられています。図参照）。

　土地の場合：課税標準額×1.4％

　建物の場合：建物課税台帳に登録されている金額×1.4％

■ 都市計画税とは

　都市の整備に充てるための財源として徴収する地方税です。

　都市計画法という法律に基づく市街化区域内の土地や家屋に課税されるものです。都市計画税の税額は、固定資産税評価額

固定資産税の計算式と主な特例

〈固定資産税額の計算式〉
固定資産税額＝固定資産税課税標準額×1.4%
- 一般住宅用地に関する特例
  固定資産税評価額×1/3
- 小規模住宅用地（200㎡以下）に関する特例
  固定資産税評価額×1/6
- 新築住宅の税額軽減
  新築住宅で50㎡以上280㎡以下のものは、3年間（3階建て以上の耐火建築住宅は5年間）一定面積（120㎡）に対応する税額を2分の1に減額
- 耐震改修の税額軽減
  昭和57年1月1日以前から建っている住宅について一定の耐震改修工事をした場合、翌年分の税額を2分の1に減額（一定の避難路などの場合には2年間の減額の措置がある）
- 省エネ改修をした場合の税額軽減
  平成20年1月1日以前から建っている住宅について一定の省エネ改修工事をした場合、翌年分の税額を3分の1に減額

都市計画税の税率と特例

税率	土地	課税標準額×0.3%
	建物	建物課税台帳に登録されている金額×0.3%
特例措置		住宅用地については、課税標準額を以下のように軽減 ・住宅1戸あたり200㎡までの住宅用地については価格の3分の1を課税標準額とする ・200㎡を超える部分についても価格の3分の2を課税標準額とする

※上図の税率「0.3%」は東京23区を基準とした税率。市区町村によって軽減されているケースはある
　（たとえば、埼玉県新座市では平成29年度以降の都市計画税の税率は0.2%とされている）

に一定税率を掛けて算出し、固定資産税と同時に市区町村に対して納税します。都市計画区域内でなければ、課税されないのですが、都市計画区域は、ほとんどすべての自治体で導入されています。税率と都市計画税についての特例措置は上図のようになります。

印紙税

印紙は多くの契約書で必要になる

同じ文面の契約書を2通作成した場合

それぞれの契約書に印紙税がかかるが、必要な分だけコピーを取った場合、コピーは契約書ではないので、印紙税はかからない。FAXやメールで送付した書類の場合も課税されない。ただし、このコピーに署名押印した場合は契約書扱いとなるため、印紙税がかかる。

■ 印紙税とは

印紙税とは、その文書にかかる税金です。購入した収入印紙を貼付することで、印紙税を納めていることになります。

印紙税が発生する事例は、印紙税法で具体的に規定されています。たとえば、以下のケースです。

① 1万円以上の不動産の売買契約書等

② 10万円以上の約束手形または為替手形

③ 5万円以上の売上代金の領収書や有価証券の受取書

有価証券の受取書など印紙税の課税対象となる文書を「課税文書」といいます。所定の収入印紙を貼らなかった場合には、その課税文書の作成者に対し、その貼るべき印紙税額とその2倍相当額の合計額が、過怠税という罰金的な税金の形で課されます。

■ どのような基準で判断するのか

作成された文書が、印紙税の課税対象かを判断するにあたり、確認するべき内容は次の3つです。これらをすべて満たした文書は課税文書として扱われ、印紙税がかかります。

実質的な内容で課税文書かを判断する

「印紙税法別表第一」に記載されている「不動産譲渡契約書」「受取書」といった名称が使用されていない文書でも、課税文書に該当する場合がある。たとえば、名称が「注文書」とされている文書でも、契約期間や契約金額の記載があれば契約内容が確認できるため、契約書と判断される。

① 「印紙税法別表第一」（課税物件表）に掲げられている20種類の文書に該当する内容の文書であること

② 当事者間において課税事項を証明する目的で作成された文書であること

③ 印紙税法5条（非課税文書）の規定により印紙税を課税しないとされている非課税文書でないこと

定額税率が適用される文書と印紙税額

①	合併契約書または吸収分割契約書もしくは 新設分割計画書	1通につき4万円
②	定款	1通につき4万円
③	継続的取引の基本となる契約書	1通につき4,000円
④	預貯金証書	1通につき200円
⑤	貨物引換証、倉庫証券または船荷証券	1通につき200円
⑥	保険証券	1通につき200円
⑦	信用状	1通につき200円
⑧	信託行為に関する契約書	1通につき200円
⑨	債務の保証に関する契約書	1通につき200円
⑩	金銭または有価証券の寄託に関する契約書	1通につき200円
⑪	債権譲渡または債務引受けに関する契約書	1通につき200円
⑫	配当金領収証または配当金振込通知書	1通につき200円
⑬	預貯金通帳、信託行為に関する通帳、 銀行もしくは無尽会社の作成する掛金通帳、 生命保険会社の作成する保険料通帳または 生命共済の掛金通帳	1冊につき200円

■ 一律に賦課される定額税率

　契約書を作成した当事者は印紙を購入し、それに消印することが必要です。当事者間で印紙の負担を決めた場合でも、文書に署名した者全員に対して納税義務が発生します。

　印紙税には、一律に同じ金額が賦課される「定額税率」と、記載された金額によって税額が変わる「階級定額税率」という2つの税率が採用されています。たとえば、合併契約書や継続的取引の基本となる契約書、債権譲渡または債務引受けに関する契約書などは定額課税とされます。なお、階級定額税率が適用される文書の場合、課税される印紙税額は文書に記載されている金額（記載金額）によって決まります。

関税

一般に「輸入品に課される税」と考えられている

■ 関税収入は重要な財源のひとつ

関税とは、モノが国境を超えるときに課される税金です。日本ばかりでなく、各国が課税しています。目的は、国の収入の確保、国内の産業保護などです。

国の収入確保に関税が役立つというのは、中央集権体制がまだ十分に整っていない国においては、関税こそ国家が税金を徴収するためのもっとも有効な方法であったという歴史的な事実によります。また、産業保護という目的もあります。たとえば、海外から非常に安い製品が輸入された場合、多くの人が安い製品を購入して、国内で作られる製品を買わなくなってしまう恐れが出てきます。最悪の場合、国内で製品を作っているメーカーが事業撤退や倒産に追い込まれることになりかねません。そのような場合に、価格の安い輸入品に関税をかければ、国内で販売する際、販売者側は関税分を上乗せした値段をつけざるを得なくなり、国内製品との価格差を解消できるわけです。

国家の財政規模が巨大になり、国内の徴税体制が整備されるのに伴い、財源調達手段としての関税の役割は相対的に小さくなっていますが、わが国においては、今日の厳しい財政事情の下、約1兆円の関税収入（その他内国税を含めた税関における収納税額は約4兆円）は重要な税収のひとつとなっています。

■ 輸入取引と関税

輸入品に関税が課されると、その分だけコストが増加し、国産品に対して競争力が低下します。ここから、関税の国内産業

国の収入確保

中央集権体制が整っていなかった頃は、国民の財産や収入を十分に把握し、それら国民の財産から税金を漏れなく徴収することは困難であった。しかし、輸入品は港で陸揚げされるので、数量を把握しやすいという面があった。また、輸入品は、高額なものが多いという特性もあった。そこで、この2つの側面を利用して、確実に税金を徴収する手段として、関税が利用された。

関税とは

関　税 … 輸入品に対して課される税金

輸　入　品	税　率
食品　動植物 機械　自動車 その他各種製品等	各輸入品に対して細かく税率を設けている（現在約7000以上の税率）

保護という機能が生まれます。現在では、関税の機能として、この国内産業保護が中心となっており、このような関税のことを保護関税といいます。

　たとえば、ある商品の国産品価格が11万円、海外からの輸入品価格が10万円であったとします。このままでは、国内需要者は安価な輸入品だけを購入することになります。そこで、輸入品に10％の関税を課したとすると、輸入品の国内価格は11万円となり、国産品は輸入品と対等に競争できるようになります。「保護関税」の税率については、国内産業の実情だけでなく、消費者や諸外国の立場も考慮して決められています。

■ 輸入数量制限と関税

　個々の品目の輸入を調整する手段としては、関税の他にも、輸入禁止や輸入数量制限といったものがあり、輸入禁止はそれらの中で最も強力な手段です。

　輸入数量制限とは、ある商品について一定期間の輸入量を決め、それ以上の輸入を認めない方式です。国内産業保護という面では関税を課すより輸入数量制限の方がはるかに強力といえますが、それだけに世界貿易の発展を阻害する恐れがあるわけです。

Column

登録免許税

　登録免許税とは、不動産、船舶、会社、人の資格などについて、公にその証明をするために必要な登記、登録、特許、免許、許可、認可、指定および技能証明を行うときに課税される国税のひとつです。

　たとえば、不動産を購入して登記をする場合には、登録免許税がかかります。登録免許税は、登記を受けることによって生じる利益に着目して課税される税金です。また、融資を受ける場合には、不動産を担保に提供して抵当権の設定登記を行いますが、そのときにも登録免許税が課税されます。不動産については、相続や贈与などによって所有権が移転する場合も登記を行いますから、登録免許税が課されます。

　登録免許税を納めなければならないのは、登記や登録等を受ける人です。税率は、不動産の所有権の移転登記などのように不動産の価額に一定税率を掛けるもの、商業登記の役員登記のように1件あたりの定額になっているものなどまちまちです。

　登録免許税の納付は、書面申請の場合、原則として銀行などの金融機関に現金納付して、その領収書を登記等の申請書に貼り付けて提出します。ただし、税金が3万円以下の場合には、申請書に収入印紙を貼付して納めることができます。

　オンライン申請の場合には、歳入金電子納付システムを使って、オンラインで登録免許税を納付する他、現金納付の領収証書または収入印紙を管轄法務局に持って行くか、送付する方法で納めることができます。

　収入印紙で納付してもかまわないかどうか、登録免許税額を明らかにして、事前に管轄法務局に問い合わせてみるとよいでしょう。

PART 6

法人税等の申告・納税

申告納税制度

納税者自ら申告・納税する制度のことである

■ 自分で計算し、申告・納税すること

私たちが納める税金の額を決定する方法としては、大きく分けて「申告納税方式」と「賦課課税方式」の2つの方法があります。

納税する人が、自分で税法に従って所得金額や税額を計算し、申告・納税することを申告納税方式といいます。確定申告の対象となるものは、すべて申告納税方式となります。

個人が、自分自身でその年の所得金額や国等に納めなければならない税額を決定するということは、税法に照らし合わせて合法であるときはよいのですが、その申告を行わなかった場合や申告した税額の計算が間違っていた場合には、問題が生じてしまいます。このようなことを確認する意味もあり、申告内容が正しいかどうかを税務署が調査する「税務調査」や、税務署長が税額を決定する「更正決定」が行われます。

この申告納税制度は戦後、経済の民主化の一環として採用されたものです。戦前は、物品税、酒税等の間接税が主軸で、所得税・法人税といった直接税は副次的な位置付けとなっていました。

そして、あらかじめ税務署が納税者ごとの課税額を計算する賦課課税制度をとっていました。

そこで終戦後、連合国軍最高司令官総司令部（GHQ）は、こうした制度は地域の有力者の介入を許し、税務行政を腐敗させると考え、1947年4月1日には所得税、法人税に、同年5月3日には相続税に申告納税制度を採用させました。こうして申告納税制度という新しい制度が導入され、納税制度が民主的なものに変わり、すでに70年以上が経過しました。

申告納税方式

納税者自らが申告・納税する制度ではあるが、会社員の大部分は、所得税の源泉徴収、住民税の特別徴収、年末調整により、会社などが代わって申告・納税しているのが実情となっている。

税金の額の決定方法

申告納税方式

自分で税法に従って所得金額や税額を計算し、申告・納税する方法

賦課課税方式

納税する人が申告することはせず、国・地方公共団体等の税金を徴収する者が納付すべき税額を確定する方法

　申告納税方式は、賦課課税方式に比較して、自分で税額を計算する煩わしさが生じてしまいますが、税額を算出するにあたって、有利な方法を検討し、選択することができます。個人事業者の青色申告制度の記帳を促進させるための特典優遇措置等を利用することにより、自分の意思で節税することができます。そのためには、自分が納付する税金の制度への理解が必要になります。

　納税の義務は憲法30条に規定され、また、憲法84条に「租税法律主義」を定めています。つまり、税金を課税する際には、法律に基づかなければならないという考え方です。

■ 賦課課税方式が採用されている

　納税する人が申告することはせず、国・地方公共団体等の税金を徴収する者が、納付すべき税額を確定することを賦課課税方式といいます。この方式は、国等が納付すべき税額として確定した金額を記載した「賦課決定通知書」を交付して、税金を納める人がこれに基づいて納付することになります。現在でも賦課課税制度は、固定資産税や自動車税等の地方税について原則とされています。

法人税の申告・納税

申告納付期限は原則として決算日後2か月以内である

■ 法人税の確定申告とはどんなものか

　会社（法人）の利益に対する課税は、申告納税です。そのため、各事業年度終了の日の翌日から2か月以内に、所轄の税務署長などに対し、確定した決算に基づき、その事業年度の課税標準である所得金額または欠損金額、納める法人税額等を記載した申告書を提出しなければなりません。法人税額は、確定申告書の提出期限までに納付しなければならないことになっています。これが、法人税の確定申告納付です。

　なお、法人税は、株主総会の承認を得た確定決算をもとに計算しますが、会計監査人監査などの必要性から、2か月以内に決算が確定しない場合があります。このような場合には、届出書を提出し、1か月間の申告期限の延長をします（連結納税制度を適用している法人で、連結子法人が多数に上るなど、特別の事情等の場合は2か月間の延長可能）。ただし、納付税額には、決算日後2か月目から納付日までの間、利子税がかかります（2か月目に納付税額を見積り予定納税することで、利子税がかからないようにする方法があります）。

会計監査人監査
資本金が5億円以上または負債が200億円以上の会社、あるいは上場会社などでは、監査法人または公認会計士による会計監査が制度として求められる。

■ 法人税の中間申告をしなければならない場合がある

　会社（法人）事業年度が6か月を超える場合には、その事業年度開始の日以降6か月を経過した日から2か月以内に中間申告をしなければなりません。ただし、新設法人の設立第1期の事業年度の場合は、中間申告は必要ありません。

　中間申告には、次のような2つの方法があります。

法人税の申告納税方法

法人税の確定申告納付	········· 事業年度終了の日の翌日から2か月以内に申告納付
法人税の中間申告納付	⌈ 前年実績による予定申告 … 前事業年度の法人税の6か月換算額を申告納付 ⟨ 仮決算による中間申告 … 事業年度開始の日から6か月間を1事業年度とみなして申告納付
修正申告納付	········· 申告した法人税が少なかった場合に正しい税額を申告納付

① **前年実績による予定申告**

この方法は、前期事業年度の法人税の6か月換算額で申告する方法です（税額が10万円以下の場合は予定申告納付の必要はありません）。

② **仮決算による中間申告**

この方法は、その事業年度開始の日から6か月の期間を1事業年度とみなして申告する方法です。この場合、6か月で中間決算を行って中間申告納税額を計算します。

中間申告をすべき法人が、どちらの方法により申告するかは法人の任意となっています。中間申告に係る法人税額も、確定申告と同様、中間申告書の提出期限までに納付しなければなりません。これが、法人税の中間申告納付です。

■ 修正申告では延滞税がかかることがある

申告した法人税が正しい金額よりも少なかった場合、税額を申告し直すことが必要となってきます。この申告を修正申告といいます。この場合、この申告により増加した税額に対して、延滞税等が課税される場合があります。

消費税の申告・納税

直前の確定申告で中間申告の回数が決まる

■ 消費税はどのように申告・納税するのか

消費税の申告や納税方法については、確定申告と中間申告があります。以下、具体的内容について見ていきましょう。

① 確定申告

消費税の課税事業者になった場合は、税務署に消費税の確定申告書を提出し、申告期限までに消費税を納付しなければなりません。法人の申告期限は、課税期間終了後2か月以内です。

申告する消費税額は、課税期間中に得意先からの売上などの収入といっしょに預かった消費税の合計から、課税期間中に仕入や経費といっしょに支払った消費税の合計を差し引いて計算します。これを確定消費税額といいます。

期間中に預かった税金より支払った税金の方が多い場合には、申告により差額の税金の還付を受けます。

② 中間申告

直前の課税期間に申告した消費税額が一定金額を超えた場合、その次の課税期間においては中間申告をしなければなりません。中間申告とは、現在の課税期間の確定消費税額を概算で見積もり、前もってその一部を申告・納付する事をいいます。

中間申告を行う時期と回数について見ていきましょう。前課税期間の確定消費税額（地方消費税を除く）が48万円以下であれば、中間申告は不要です。前課税期間の確定消費税額が48万円超400万円以下であれば年1回6か月後に、400万円超4800万円以下であれば年3回3か月ごとに、4800万円超であれば年11回毎月、中間申告を行います。申告期限はそれぞれ6か月、3

中間申告

たとえば3月決算の会社で、年1回中間申告を行う場合、中間申告対象期間は4月〜9月、申告期限は11月ということになる。中間申告義務のない事業者も、任意で中間申告を行うことができる。

消費税の確定申告・納付

個人事業者 ------- 翌年の３月末日

法　　人 ------- 課税期間の末日の翌日から２か月以内

消費税の中間申告・納付

直前の確定消費税	中間申告の回数	中間納付税額
48万円以下	中間申告不要	———
48万円超400万円以下	年１回	直前の確定消費税額 × $\frac{1}{2}$
400万円超4800万円以下	年３回	直前の確定消費税額 × $\frac{1}{4}$
4800万円超	年11回	直前の確定消費税額 × $\frac{1}{12}$

か月、１か月の「中間申告対象期間」終了後２か月以内です。

　中間申告により納付した税額は、確定申告を行う際に「すでに納付した金額」として確定消費税額から差し引きます。確定消費税額の方が少ない結果となった場合には、中間申告により払い過ぎた消費税が還付されます。

　なお、48万円以下であれば中間申告は不要ですが、中間申告を行い、前もって一部を納税することもできます。

■ 中間申告における納付税額の計算方法

　中間申告における納付税額の計算方法については、①予定申告方式と②仮決算方式の２つの方法があります。これらの方法については、特に届出などの手続きを行わずに自由に選択することができます。

① 予定申告方式

　中間申告の納付税額を、前年度の「確定消費税額」を月数按分して計算する方法です。中間申告が年１回であれば「確定消

費税額×１/２」、３回であれば「確定消費税額×１/４」、11回であれば「確定消費税額×1/12」が、それぞれ納付税額ということになります。

② 仮決算方式

中間申告対象期間ごとに決算処理を行い、中間申告の納付税額を計算する方法をいいます。中間申告が年１回であれば６か月、３回であれば３か月、11回であれば１か月の期間をそれぞれ１つの課税期間とみなして、確定申告と同様の手順で納付税額の計算を行います。

なお、仮決算方式を選択した場合、確定申告を行うまでは消費税の還付を受けることはできません。また、提出期限を過ぎてから提出をすることは認められません。

■ 罰則について

消費税の申告書の提出や納付の期限を過ぎてしまった、あるいは税額が過少であった場合、附帯税が課せられます。附帯税とは、消費税本体に加えて付加的に課せられるペナルティ的な性質の税のことです。この附帯税に対し、納めるべき消費税そのもののことを本税といいます。附帯税には、①無申告加算税、②過少申告加算税、③延滞税、④重加算税などがあります。なお、法人税についても同様の罰則規定があり、住民税や事業税などについても類似した規定があります。

① 無申告加算税

申告を行わなかったことに対する附帯税です。後日自主的に申告、納付を行った場合には本税×５％に相当する金額が課せられます。一方、税務調査等で指摘を受けて申告、納付した場合には、50万円までの部分に対しては本税×15％、50万円を超える部分に対しては本税×20％に相当する金額が課せられます。税額を計算した結果、5,000円未満となる場合、無申告加算税は免除されます。

適用される罰則

無申告加算税	申告を行わなかったことに対する附帯税
過少申告加算税	納付税額が実際よりも過少であった場合に課される附帯税
延滞税	申告期限より遅れた期間について支払う附帯税
重加算税	仮装、隠ぺいの事実があった場合など、悪質であると判断された場合に課税される附帯税

② **過少申告加算税**

　納付税額が実際に納付すべき額よりも少なかった場合に課されます。後日修正申告として自主的に申告、納付した場合と、附帯税額が5,000円未満となる場合には、課税されません。上記以外の場合には10％が課税されますが、期限内に申告した本税の額と50万円と比較し、どちらか多い方の金額を超えた部分については15％が課税されます。

③ **延滞税**

　申告期限より遅れた期間に対する利息のような性質の税金です。遅れた期間のうち、申告期限から2か月までについては本税×2.6％、2か月を超える期間については本税×8.9％が、日数に応じて課税されます。ただし合計で1,000円未満の場合は、免除されます。

④ **重加算税**

　消費税の申告に関して、仮装、隠ぺいの事実があった場合など、悪質であると判断された場合に、過少申告加算税や無申告加算税の代わりに課税される附帯税です。期限内申告の場合、過少申告加算税に代えて本税×35％、期限後申告の場合、無申告加算税に代えて本税×40％が課税されます。

主な税金の申告期限と納付方法

申告期限を守らないとペナルティがある

■ 申告期限と納付方法はどうなっているのか

　申告納税方式を採る税金の場合、納税者は法定期限までに申告・納付をすることが要求されています。期限までに申告・納付を行わなかった場合には、原則として、ペナルティである無申告加算税（金）や延滞税（金）が課されます。

　また、青色申告の特典である「欠損金の繰戻還付」の適用を受ける場合には、欠損事業年度の青色申告書を提出期限までに提出することが要件となっていますので、期限内の申告・納付を心がけることが大切です。

　以下、主な税金の申告期限と納付方法を知っておきましょう。

① 国税

・法人税

　確定申告書の提出期限は、原則として、事業年度終了の日の翌日から2か月以内です。税金の納付期限も、確定申告書の提出期限と同じです。なお、令和2年4月1日以後開始する事業年度から、資本金の額等が1億円超の法人等その他一定の法人に対して、確定申告書を電子申告（e-Tax）により提出することが義務付けられます。これは、下記の消費税及び地方消費税の場合も同様です。

・消費税及び地方消費税

　確定申告書の提出期限は、課税期間の末日の翌日から2か月以内です。税金の納付期限も、確定申告書の提出期限と同じです。

・源泉所得税

　原則として、源泉徴収の対象となる所得を支払った月の翌月

電子申告（e-Tax）
予め利用者識別番号や電子証明書などを取得することで、電子データにより法人税の確定申告などを行うもの。

主な税金の申告期限と納付方法〈法人の場合〉

期限内に申告書の提出・税金の納付をしなかった場合	➡	ペナルティである無申告加算税（金）や延滞税（金）が加算される

法人税・法人住民税・法人事業税・事業所税 ……… 事業年度終了の日の翌日から2か月以内

消費税及び地方消費税 ……… 課税期間の末日の翌日から2か月以内

源泉所得税 ……… 支払った月の翌月の10日まで

不動産取得税 ……… 不動産を取得した日から60日以内

の10日までに納付します。給与の支払対象者が常時9人以下の事業所の場合、半年ごとの納期の特例があります。

② **都道府県税**

・法人県民税・法人事業税

　確定申告書の提出期限は、原則として事業年度終了の日の翌日から2か月以内です。税金の納付期限も、確定申告書の提出期限と同じです。

・不動産取得税

　不動産を取得した日から60日以内に、「不動産取得申告書」を提出します。納付は、県税事務所から送付される納税通知書により、納税通知書に定められた日までに納めます。

③ **市町村税**

・法人市民税

　確定申告書の提出期限は、原則として事業年度終了の日の翌日から2か月以内です。税金の納付期限も、確定申告書の提出期限と同じです。

・事業所税

　法人の場合には、申告期限は事業年度終了の日の翌日から2か月以内です。税金の納付期限も申告期限と同じです。

青色申告

所得税と法人税に認められている申告方法である

■ 青色申告には特典がたくさんある

　法人税は、会社が自分でその所得や税額を申告して納付するという、「申告納税制度」をとっています。

　確定申告の仕方には、申告用紙の色に由来する「青色申告」と「白色申告」という2種類の申告形式があります。政府は、帳簿書類の備付けを促し、申告納税制度を普及する目的から、「青色申告」を奨励しています。

　青色申告とは、一定の帳簿書類を備えて日々の取引を複式簿記の原則に従い整然かつ明瞭に記録し、その記録に基づいて申告することをいいます。

　白色申告とは、青色申告以外の申告を指します。簡易な方法による記帳が認められ、青色申告では必要とされる仕訳帳や総勘定元帳の作成は義務付けられません。

　両者の間には、記帳する帳簿の種類や認められる特典などに大きな違いがあります。青色申告にはさまざまな特典がありますので、青色申告の承認を受けておく方が会社にとっては節税効果があるので有利です。

　たとえば設立の第1期目は、とかく赤字、つまり「欠損」になりがちなものです。青色申告であれば、その欠損金を翌年度以降の黒字の所得金額と相殺することができるという「欠損金の繰越控除」（88ページ）という特例が認められています。設立第1期分から青色申告にしておく手続きは、忘れないようにしましょう。

　わが国の課税方式は、従来賦課課税方式をとっていましたが、

確定申告の方法

 一定の帳簿書類を備えて、日々の取引を複式帳記の原則に従い整然かつ明瞭に記録し、その記録に基づいて申告する方法

 青色申告以外の申告方法

帳簿書類の備付けを促し、申告納税制度を普及する目的から青色申告が奨励されている

1947年から納税者自身が税額を確定する現在の申告納税方式に切り換えられました。青色申告制度は、1949年のシャウプ勧告により税法に取り入れられた制度で、現在所得税と法人税とに設けられています。青色申告をすると、白色申告に比べて税負担を軽くすることのできる特典を受ける権利がある一方、それに相応する水準の記帳をする義務があります。

　青色申告を選択するためには、税務署長に一定の申請書を提出して、あらかじめ承認を受ける必要があります。

　青色申告には、次のような特典があります。

① 青色申告書を提出した事業年度に生じた欠損金の繰越控除

② 欠損金の繰戻しによる還付

③ 帳簿書類の調査に基づかない更正の原則禁止

④ 更正を行った場合の更正通知書への理由附記

⑤ 推計による更正または決定の禁止

⑥ 各種の法人税額の特別控除など

⑦ 青色申告をする者と生計をともにしている従業員（控除対象の配偶者及び扶養家族を除く）の給与の必要経費算入

⑧ 個人の青色申告特別控除

白色申告の更正の理由附記

白色申告者に対する更正に関して、納税者にとって不利益となる処分が行われた場合に対しても理由を附記しなければならないとされているため、更正の理由附記に関しては青色申告者の特典と実質的な違いはない。

青色申告をするための手続き

一定期限内に「青色申告の承認申請書」を提出する必要がある

設立第１期の場合

設立の日以後３か月を経過した日と、設立第１期の事業年度終了の日とのどちらか早い日の前日までに申請書を提出することになっている。

申請書を期限内に提出できなかった場合

その事業年度は青色申告をすることができないので注意が必要である。

帳簿書類

総勘定元帳、仕訳帳、現金出納帳、売掛金元帳、買掛金元帳、固定資産台帳、売上帳、仕入帳、棚卸表、貸借対照表、損益計算書、注文書、契約書、領収書などがある。

■ 青色申告の要件は２つある

　所得税では、青色申告ができる者を「不動産所得・事業所得・山林所得」を生ずべき業務を行う者に限定していますが、法人税については、業種を問わず、以下の２つの条件を満たすことで青色申告をすることができます。

① 複式簿記に基づき記帳された法定の帳簿書類を備え付けて取引を記録・保存すること

② 「青色申告承認申請書」を所轄の税務署長に提出して承認を受けること

　青色申告の承認を受けようとする法人は、その事業年度開始の日の前日までに、「青色申告承認申請書」を納税地の所轄税務署長に提出しなければなりません。

■ 青色申告法人は帳簿書類を備える義務がある

　青色申告法人は、その資産・負債及び純資産に影響を及ぼす一切の取引を複式簿記の原則に従い、整然かつ明瞭に記録し、その記録に基づいて決算を行わなければなりません。また、青色申告法人は、仕訳帳・総勘定元帳・棚卸表その他必要な書類を備えなければならず、かつ、その事業年度終了の日現在において、貸借対照表及び損益計算書を作成しなければなりません。

　仕訳帳・総勘定元帳・棚卸表には、次の事項を記載します。

① 仕訳帳：取引の発生順に、取引の年月日・内容・勘定科目及び金額

② 総勘定元帳：その勘定ごとに記載の年月日・相手方勘定科

青色申告をするには

青色申告の承認を
受けようとする法人 一定期限内に「青色申告の承認
申請書」を提出

青色申告の要件

１．法定の帳簿書類を備え付けて取引を記録し、かつ保存すること
２．納税地の税務署長に青色申告の承認の申請書を提出して、あらかじめ承認を受けること

目及び金額
③　棚卸表：その事業年度終了の日の商品・製品等の棚卸資産の種類・品質及び型の異なるごとに数量・単価及び金額

■ 帳簿書類の保存期間は一律７年間が原則である

　青色申告法人については資本金の大小にかかわらず、帳簿書類をその事業年度の確定申告提出期限から７年間保存することが原則です。また、消費税法では、仕入税額控除が受けられる要件として、「帳簿及び請求書等」の保存が義務付けられています。ただし、法人税の10年間の欠損金の繰越控除の適用を受ける場合には、10年間（開始事業年度により、繰越控除可能な年数は違う）保存しておく必要があります。

■ 電磁的記録による保存制度

　帳簿書類の保存は紙による保存が原則ですが、コンピュータを使って作成した帳簿書類について、一定の要件の下に、磁気テープや光ディスクなどに記録した電磁的記録のままで保存できます。原本が紙の書類についても、一定の要件の下に、スキャナーを利用して作成した電磁的記録により保存できます。

永久保存した方がよい書類

決算書・申告書、定款、登記関連書類、免許許可関連書類、不動産関連書類、その他重要な契約書・申請願・届出書などについては保存期間が定められていても、重要書類として永久保存した方がよい。

商法上の重要書類の保存期間

19条で、商人（会社などの事業者）は10年間商業帳簿や営業に関する重要書類を保存することを定めているので、最低10年ということになる。

推計課税の禁止・更正の理由の附記

・・・

青色申告者の更正は帳簿書類の調査に基づかなければならない

■ 青色申告法人には推計課税が許されていない

　法人税法は、「税務署長は、内国法人に係る法人税につき更正又は決定をする場合には、その内国法人の財産あるいは債務の増減の状況、収入あるいは支出の状況又は生産量、販売量その他の取扱量、従業員数その他事業の規模によりその内国法人に係る法人税の課税標準（更正をする場合にあっては、課税標準又は欠損金額）を推計して、更正又は決定することができる」と規定しています。つまり、税務署長の推測で税額を決めるということです。これを推計課税と呼ぶことがあります。現行の申告納税制度は、納税者自ら計算した実額で申告し、その実額に基づく税を納付する制度です。しかし、このような実額のチェックが税務調査により不可能な場合に、課税公平の見地から、法人の間接資料に基づいて所得を推計し、更正・決定するというのが、この規定の趣旨です。したがって、適正な帳簿備付けを要件とする青色申告法人については、推計課税により更正または決定をすることはできません。

　青色申告法人は、複式簿記により記録し、その記録した帳簿書類を保存していることを前提としています。したがって、青色申告法人の更正は、その帳簿書類を調査し、その調査により申告に誤りがあると認められる場合に限られます。

■ 更正通知の理由附記

　法人税法は、「税務署長は、内国法人の提出した青色申告書に係る法人税の課税標準又は欠損金額を更正する場合には、更

推計課税の禁止

青色申告者に対する税務署長による更正が、青色申告としての複式簿記を前提とした帳簿の税務調査の結果によってのみ可能である（推計課税の禁止）ということは、納税者自らの責任により記帳して申告・納税するという申告納税制度が広く尊重されているものといえる。

青色申告と推計課税の禁止

推計課税の禁止

帳簿書類の調査による更正
}
帳簿書類の調査に基づかない推計による更正・決定はできない

更正通知の理由附記 --- 更正の理由を更正通知書に附記しなければならない

正通知書にその更正理由を附記しなければならない」と規定しています。したがって、更正通知書を受領した場合には、更正の理由が正しいかどうかを検討する必要があります。検討事項としては、以下の2点が挙げられます。

① 税務当局が事実を正確に認識した更正内容になっているか
② これに対する法令解釈が妥当であるか

　場合によっては、不服の申立てを行うことも可能です。

■ 更正とは何か

　納税者の提出した申告書につき、その課税標準等または税額等が税務署の調査と異なる場合に、税務署長がその税額等を増額または減額させる処分を更正といいます。更正は、更正通知書の送達により行われます。税務署長が更正処分を行うことができるのは、原則として法定申告期限から5年間です。ただし、翌期欠損金等の金額が少なすぎた場合には、法定申告期限から10年間、更正または決定の処分を行うことができます。

■ 決定とは何か

　申告書を提出すべき人が申告書を提出しなかった場合に、調査等により税務署長が納付すべき税額を確定させる処分です。決定は、決定通知書の送達により行われます。決定処分を行うことができるのは、原則として法定申告期限から5年間です。

特別償却・特別控除

■ 特別償却・割増償却とは何か

　特別償却とは、特定の機械や設備を購入し利用した場合に、税法で認められた通常の償却額に加えて、取得価額に一定割合を乗じて算出した金額を上乗せして償却ができることをいいます。

　一方、割増償却とは、税法で認められた通常の方法による償却に加えて、通常の償却額に一定割合を乗じて算出した金額を上乗せして償却ができることをいいます。

　特別償却や割増償却の適用の対象となる法人は、ほとんどの場合が青色申告法人であることが要件です。特別償却や割増償却は、初年度に普通償却と別枠で減価償却が行えるので、初年度の税負担は軽減できます。しかし、その後の減価償却費は先取りした分だけ減少するので、期間を通算すれば、全体として償却できる額は同じですから、課税の繰延措置といえます。

■ 特別控除は特別償却との選択適用となっている

　特別控除とは、納めるべき税額から一定額を特別に控除することができる特例のことです。特別控除制度の多くは、前述の特別償却制度との選択適用が認められています。特別控除の適用の対象となる法人は、青色申告法人であることが要件です。

　特別償却は、償却を前倒しして計上する課税の繰延べであるのに対し、特別控除は一定額の法人税を控除する一種の免税です。長期的に見れば、通常は特別控除の方が有利です。

　たとえば中小企業投資促進税制では、取得価額全額の即時償却または取得価額の7％（特定の中小企業については10％）の

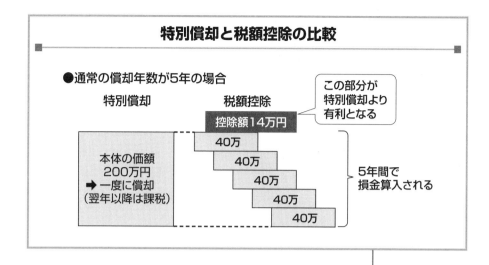

特別償却と税額控除の比較

●通常の償却年数が5年の場合

特別償却　　　　　税額控除

控除額14万円

この部分が特別償却より有利となる

本体の価額200万円
➡一度に償却（翌年以降は課税）

40万
40万
40万
40万
40万

5年間で損金算入される

税額控除の選択ができます。200万円の機械を購入した場合、特別償却を選択すると200万円を当期の損金に算入できます。中小法人の税率を適用して15％とすると、納める法人税が200万円×15％＝30万円分少なくなることになります。ただし、翌年以後については、機械の減価償却費は損金に算入できません。取得価額は、当期に全額費用化しているからです。

　一方、税額控除を選択すると、200万円の機械であれば、200万円×7％＝14万円を、納めるべき法人税額から直接控除することになります。特別償却を選択した場合の30万円と比較すると、当期の節税効果は小さいといえます。ただし、税額控除とは別に、取得価額200万円に対する減価償却も通常通り行うことができます。200万円分の取得価額については、長い目で見れば、耐用年数に応じて全額損金に算入できるということです。つまり、税額控除を受けた金額については、特別償却を選択した場合よりも多く節税できたということになります。

特別償却と特別控除のどちらを選択するか

実際どちらを選択する方がよいのかについては、よくシミュレーションをして検討するとよい。

■ 中小企業経営強化税制

　特別償却・特別控除の種類は数多くあります。たとえば、

「中小企業経営強化税制」は、青色申告書を提出する法人が、中小企業等経営強化法に定める一定の生産性向上設備等を取得または製作し、事業用として利用した場合に認められる税の優遇制度です。対象となる設備等の取得価額全額の即時償却または7％の税額控除とのいずれかを選択適用することができます。この特例は、前述の中小企業投資促進税制とともに、令和元年4月1日から令和3年3月31日までに対象資産を取得等した場合に適用されます。

　対象となる設備には、大きく分けて「生産性向上設備」と「収益力強化設備」と「デジタル化設備」があり、いずれも一つ当たりの価額が一定（機械装置：160万円、工具及び器具備品：30万円、建物附属設備：60万円、ソフトウェア：70万円）以上であることが要件になっています。

・生産性向上設備

　設備の販売時期が一定期間以内（機械装置：10年、工具及びソフトウェア：5年、器具備品：6年、建物附属設備：14年）に販売されており、旧モデル比で経営力を示す指標（生産効率、エネルギー効率、精度等）が年平均1％以上向上する設備のことです。メーカーが発行する証明書を受け取れば適用できるため、比較的簡単な手続きで済ませることができます。

・収益力強化設備

　投資計画における年平均の投資利益率が5％以上となることが見込まれるものであることにつき、経済産業大臣の確認を受けた投資計画に記載された設備のことです。複数の機械が連結した一連の設備が丸ごと適用の対象となり優遇金額も大きくなります。

・デジタル化設備

　事業プロセスの遠隔操作、可視化または自動制御化のいずれかを可能にする設備として、経済産業大臣の確認を受けた投資計画に記載され設備のことです。

**中小企業
経営強化税制**

資本金の額または出資金の額が1億円以下の法人等のうち一定の外規模法人に支配されていない法人等に対して適用される。
なお、令和3年度税制改正大綱では、適用期限が2年延長される予定となっている。

青色申告の特典

```
┌─────────────────┐          ┌─────────────────┐
│ 取得価額または      │ ----▶    │   課税の繰延べ      │
│ 特別償却・割増償却    │          └─────────────────┘
└─────────────────┘
    ---- 普通償却取得価額または限度額×一定割合＝償却限度額

┌─────────────────┐          ┌─────────────────┐
│    特別控除         │ ----▶    │   一定の免税        │
└─────────────────┘          └─────────────────┘
    ---- 取得価額×一定割合＝税額控除額
```

■ 特別控除のみが認められる制度

　特別控除のみが認められる制度もあります。たとえば、①地方活力向上地域等において雇用者の数が増加した場合の税額控除や、②雇用者の給与等支給額が増加した場合の税額控除などが挙げられます。

　①の制度は、平成27年8月10日から令和4年3月31日までの間に地域再生法に規定する地方活力向上地域等特定業務施設整備計画についての認定を受けた青色申告法人が、その認定日後2年を経過する日までを含む事業年度で、一定の新規雇用者数1人あたり20万円〜60万円の税額控除が認められる制度です。具体的には、地方の企業が特定業務施設を整備するような「拡充型計画」と、東京などの集中地域に特定業務施設を置く企業が地方にこれを移転するような「移転型計画」があります。

　②の制度は、平成30年4月1日から令和3年3月31日までに開始する事業年度で青色申告法人が、雇用者に支給する給与等が一定以上増加した場合に、増加額の15％の税額控除が認められる制度です。

　青色申告法人には、これらの規定の他にも同様の数多くの特別償却・割増償却及び特別控除の制度が設けられています。

適用期限
②の制度は、令和3年度税制改正大綱では、見直しが行われて実質的に2年延長される予定となっている。

税務調査

任意調査には強制力はないが、納税義務者は質問に答える義務がある

■ どのようなものなのか

　税務調査とは、納税者（法人・個人など）が適正に納税しているかどうかを国が調査する制度です。税務調査では、自己申告された所得額に漏れや隠ぺいがないか、税額に計算ミスがないかといったことがチェックされます。調査を担当するのは、法律で権限を与えられた税務署の調査官です。調査官は対象の個人宅や法人の事務所などに事前に連絡をした上で出向き、帳簿のチェックや関係者への聞き取りなどの形で調査を行います。

■ 税務調査は任意調査が通常である

　税務調査には、大別して「任意調査」と「強制調査」があります。通常、税務調査といえば任意調査を意味します。任意調査には、強制力はありませんが、納税義務者は質問に答える義務があります。一方、強制調査とは悪質な脱税犯に対して行われる一種の犯罪調査です。告発（第三者が捜査機関に対して犯罪事実を申告し、その捜査と訴追を求めること）を目的として捜索、差押などをすることができ、一般に査察と呼ばれています。調査官の具体的な狙いどころは以下の①〜⑤のようになっています。

① 収益計上の除外

　一部の得意先の売上を隠したり、売上品目の一部を隠したりしていないか。

② 費用の過大計上

　経費の水増しなどをしていないか。

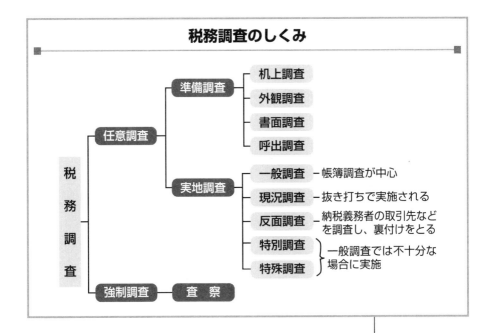

税務調査のしくみ

税務調査
- 任意調査
  - 準備調査
    - 机上調査
    - 外観調査
    - 書面調査
    - 呼出調査
  - 実地調査
    - 一般調査 — 帳簿調査が中心
    - 現況調査 — 抜き打ちで実施される
    - 反面調査 — 納税義務者の取引先などを調査し、裏付けをとる
    - 特別調査 ┐
    - 特殊調査 ┘ 一般調査では不十分な場合に実施
- 強制調査
  - 査察

③ **資産の計上除外**

　現金や銀行預金などの資産の一部を簿外としていないか。

④ **架空取引の計上**

　取引事実が存在しないのに、これをでっち上げて、あたかも取引事実があったように会計処理をしていないか。

⑤ **期間損益の操作**

　当期（計算期間における対象事業年度のこと）にまだ消費してない部分を当期の費用に計上していないか。

　調査の結果、これらの行為が悪意をもって意図的に所得減らしの目的で行われたと税務当局に判断されたときは、重加算税というペナルティの性質をもつ税金が課されます。

　また、悪意がなくても、納税者が考える所得計算と税務当局が判断する所得計算に相違があった場合も、過少申告加算税が課されます。こうした見解の相違を生じさせることのないよう、全国の国税局や税務署で、事前に確認ができるようになってい

ます。一方、税務署の処分に不服がある場合には、不服申立ての制度もあります。

■ どんな調査方法があるのか

　法人税も消費税も会社で継続記帳される会計帳簿が大元の算定資料ですから、正しい税務申告を担保するために行われる税務調査も会計帳簿の正しさ（適正性）の検討が企業の税務調査の中心になります。主な検討手続には、突合、実査、立会（たな卸し立会）、分析（勘定分析）、質問そして反面調査があります。これらは、決算書の主な勘定科目について適用実施されます。

① 　突合……「付き合わせること」をいいます。具体的には、以下のものをあげることができます。

　　・会社自身が作成した内部資料間の突合

　　・内部資料と会社外部の取引相手が作成した外部資料との突合

　　・会社内部資料と調査官自身が作成した調書との突合

② 　実査……調査官自身が資産の一定時点の実在数を数え、これを会社作成の在庫明細などと照合することです。突合の動作も含まれますが、調査官自身が事実を確認の上、記録をとって決算結果と改めて照合する点、事実と記録を照合するという点が特徴です。現金実査、有価証券実査などがあります。

③ 　立会……資産の一定時点の実在数を把握する作業の信頼度を評価するため、会社自らが行う検数、検量作業を、調査官がその場に赴いて監視することです。商品や原材料などの在庫のたな卸し立会などがあります。

④ 　分析……得られる財務数値を駆使して財政状態、経営成績を把握することです。売上高や仕入高、経費、売掛債権、買掛債務等、主な勘定科目の月次年次残高推移分析や回転期間分析、キャッシュ・フロー分析などがあります。

⑤ 　質問……調査対象の企業の全社員に対して個別に疑問点、不明点を問い、事実を確認することです。調査上の証拠とす

調査の対象になる書類

帳簿関係	総勘定元帳や現金出納帳、売上帳、仕入帳、売掛帳、買掛帳、賃金台帳、小切手帳、手形帳、出退勤記録簿、決算書など
証憑関係	請求書や領収書※、見積書、注文書、納品書、タイムカードなど
文書関係	議事録や契約書、同族関係取引の契約書、稟議書など
その他	預金通帳やパソコンなど

※正式な領収書を発行することができない場合、もしくは支払われた金額が全額の一部であった場合などに、仮に領収したことを証明するものを仮領収書という。しかし、後のトラブルの可能性や税務調査対策を考慮すると、仮領収書の多用は好ましくない。

るため、質問に答える形で文書に署名を求められることがあります。

⑥ 反面調査……調査対象の企業と取引先に実地調査をかけるなり、問い合わせをして取引事実の詳細を確認、把握することです。預金や借入金、得意先や仕入先に対する貸借関係、これらとの取引関係の実態を前もって調べ上げておいて、調査対象側との違いを探し出す手続きです。

■ 調査はあくまで任意

　税務調査は任意の調査ですから、調査される事業者の同意がなければ無断で机の中を調べたり、事務所内で資料を探すことはできません。

　調査官が当然の権利のように机の引き出しや金庫の中を調べようとする場合には拒否することも可能です。ただし、何かを隠していると疑われないようにするために、調査には協力する姿勢であること、ただ、その場所には調査に必要な書類や資料がないこと、私物が入っていることなどをはっきり告げるようにしましょう。

金融機関や取引先への調査

税務調査の際に、事業者の帳簿や資料がそろっておらず通常の調査では十分な調査ができない場合や、明らかに不審な点がある場合には、取引先や金融機関などで取引の実態を調査する反面調査が行われる。調査官は「金融機関の預貯金等の調査証」を提示することによって金融機関での調査を行うが、その場合も必要性が明確でなければ調査はできない。しかし、税務調査の前に反面調査を行ったり、調査対象の事業者を十分調査する前に得意先を調べるケースも少なからずある。

修正申告

. . . .

調査結果の対応方法には修正申告と更正処分がある

**修正申告を拒否
するとどうなる**

税務調査の結果、誤り
があった場合、調査官
から修正申告をするよ
う指示される。企業側
としては、その指示に
沿って修正申告書を作
成し、提出することに
なるが、調査官の言い
分に納得がいかない部
分があるという場合、
修正申告を拒否するこ
ともできる。また、「A
の指摘部分は修正申告
するが、Bの指摘部分
については納得がいか
ないのでしない」と一
部だけを拒否すること
も可能である。
ただ、修正申告を拒否
したからといって、追徴
課税から免れられるわ
けではない。この場合、
税務署から更正処分を
受ける可能性がある。

■ 修正申告とは

　税務調査の結果、税法に違反していたとなれば追徴税を支払うことになりますが、その際でも修正申告を行う場合と更正処分を受ける場合があります。修正申告とは、すでに行った申告について、税額が少なかった場合などに行うもので、納税者が自ら手続きを行います。税務調査によって誤りを指摘されて提出する他、自分で誤りを見つけて提出することもあります。修正申告は税務署等から更正処分を受けるまではいつでも行うことができますが、国税庁などでは誤りに気づいた時点でできるだけ早く手続きをするように求めています。税務調査によって修正申告する場合、過少申告加算税が課せられる可能性がありますが、自ら修正申告した場合はこれが免除されることになっています。

■ 修正申告はどのようにするのか

　修正申告は、管轄の税務署に修正申告書を提出することによって行います。

　修正申告書には、申告誤りのあった箇所についてのみ記載すればよいのですが、年度を遡って修正する場合、所得額や税額に変更が生じますので、年度ごとに書類を作成することになります。

　修正申告をした場合、申告書を提出した日が納期限となります。未納税額に対しては、その日までの延滞税が発生することになりますので、修正申告すると決めた場合にはできるだけ早く申告書を提出し、納税するのがよいでしょう。

調査結果の対応方法

修正申告 → 税務当局の言い分に納得がいく場合、調査結果を受け入れて修正申告書を提出

更正 → 税務当局の言い分に納得がいかない場合、自ら調査結果を受け入れることなく税務当局の行う処分である更正を受ける

> 修正申告書を提出した場合、その後再調査の請求や審査請求をすることができなくなる

■ 修正と更正はどう違う

　更正とは、提出された納税申告書に記載された課税標準または税額等の計算が税法の規定に従っていなかったときや、調査したものと異なるときに、税務署長がその調査に基づき、申告書に関わる課税標準または税額等を修正することです。つまり、税務当局側が行う処分です。税額等を修正するという点では修正申告と同じですが、後で修正内容や税額について不満が生じたときに、修正申告は不服を申し立てることができませんが、更正処分は不服申立て（税務署に対する再調査の請求や国税国税不服審判所に対する審査請求）ができるという違いがあります。これは、修正申告が納税者自ら行う手続きであるのに対し、更正処分は税務署が強制的に行う処分だからです。

　更正の請求をする場合、税務署にある更正の請求書にその更正に係る更正前・更正後の課税標準等及び税額等、その更正の請求をする理由などを記載して、税務署長に提出します。税務署長は、更正の請求を受けると、その請求に対する課税標準等及び税額等について調査し、更正または更正をすべき理由がない旨を請求者に通知します。

税務当局が修正申告にこだわる理由

① 修正申告を提出すると、その後は税務当局に「再調査の請求」や国税不服審判所に「審査請求」をすることができなくなる

② 修正申告でなく更正とすると、青色申告者の場合には、更正した理由を附記して納税者に通知しなければならないなど手間がかかる

③ 更正処分後、再調査の請求などをされると、担当調査官の説明不足などが指摘され、担当官の評価に影響を及ぼすといわれている

Column

粉飾決算や帳簿操作

　会社は株主や債権者、投資家といった利害関係者に対し、決算報告をしなければなりません。少しでも良い数字で決算報告をしたいところが本音ではありますが、業績が伸び悩み、期待するような報告ができない場合があります。この場合、事実を隠そうとするあまり、意図的に不適切な会計処理を行う場合や、売上や利益を過大計上しまたは好業績を装うような決算報告をする行為は、虚偽報告にあたります。このような虚偽報告をした決算を「粉飾決算」といいます。主な粉飾決算の手口には、売上の架空計上や在庫計上額の操作、不正な資産評価、負債や費用の隠ぺいなどが挙げられます。なお、負債の存在を隠ぺいするために帳簿操作をする場合もあります。これは、会社の価値は利益だけで判断されるわけではなく、資産と負債のバランスも大きな判断指標となるために行われます。ただし、帳簿操作で隠ぺいしたとしても、仕入先や金融機関では債権計上がなされているために、不正が発覚される場合もあります。

　また、子会社が悪用される場合もあります。たとえば、子会社を連結対象から外して、押し込みを行って売上をかさ上げする場合や、負債の隠ぺいまたは親会社の負債を子会社に付け替える場合などがあります。この場合、連結対象から外した子会社の負債が膨れ上がるため、粉飾行為が発覚します。監査法人や公認会計士による会計監査などが行き届きづらい遠隔の海外の子会社自らが、架空売上や在庫の水増しを行うなどにより粉飾決算が行われる場合もあります。その他、最終利益に直結する費用の存在を隠ぺいし、粉飾する行為があります。本来は費用として計上すべき支出を固定資産として計上する場合や、翌期に費用計上を先延ばしする場合などです。

　これらの行為は、決算書を前期や前月分と比較をした場合、費用計上額あるいは資産計上額の異常性が突出することなどで発覚したりします。

PART 7

事業承継と相続対策

事業承継で自社株式を引き継ぐ意味

ヒト・モノ・カネのそれぞれに問題がある

■ 事業承継で自社株式を引き継ぐ意味

　事業承継とは、会社の今までのオーナーから次の世代の新オーナーに経営を引き継ぐことです。具体的には、創業者の保有する株式をその子どもに引き継ぐ場合などが挙げられます。

　この際、気をつけなければならないことは、単に親から子へ自社株式が相続されるだけではないということです。事業継承とは、会社を引き継ぐことだからです。

　会社は「ヒト」「モノ」「カネ」で成り立っています。したがって、会社に関しては、この3つの動きを念頭に考えなければなりません。「ヒト」は次の世代の新オーナー、「モノ」は株式、「カネ」は税金となります。この3つの要素をスムーズに引き継ぎ、あるいは処理し、会社が今までどおりに機能していくようにすることが大切なのです。

■ 相続財産が自社株式だと何が問題なのか

　相続財産が自社株式の場合には、他の株式や財産を相続するときと違った問題が起こります。典型的なケースは、①複数の法定相続人がいる場合、②相続税を納めるためのお金が必要になる場合の2つです。いずれも、相続はあくまで形式的なことで、事業承継が本来の目的であることから起こる問題です。

① 複数の法定相続人がいる場合

　株式は会社の所有権そのものです。株式を所有する割合で会社の所有権の割合も変わります。ですから、事業を承継する場合、新オーナーが株式を集中して持つ必要があります。株式が

法定相続人

法の定めによって当然に相続人となる者のこと。法定相続人は、配偶者と血族相続人に大別される。法定相続人の間での相続分については民法で定められている（民法900～901条）。

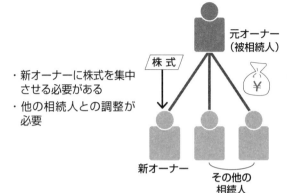

相続財産が自社株の場合の注意点

元オーナー
（被相続人）

株式

・新オーナーに株式を集中させる必要がある
・他の相続人との調整が必要

・株式を売却せずにすむように、相続税の支払費用を調達しないといけない

新オーナー

その他の相続人

分散しては、会社の迅速な意思決定に支障をきたしてしまうからです。

しかし、法定相続人が複数いる場合、新オーナー以外の相続人にも当然に財産を相続する権利があります。新オーナー以外の相続人の権利を無視することは明らかに違法です。自社株式は分散させたくない一方で新オーナー以外の相続人に相続させる財産がない、という場合に問題が起こります。

② **相続税を納めるためにお金が必要になる場合**

相続財産が自社株式の場合でも、当然に相続税が課されます。その際相続財産が自社株式以外にほとんどない場合、相続税を払うために、相続した株式を売却してお金を作らなければならなくなるケースも起こり得ます。

しかし、事業承継という本来の目的のためには新オーナーが株式を保有し続ける必要があり、売却してしまっては本末転倒です。こういった場合に、相続税を納めるためのお金をどうやって調達すればいいのかという問題が起こります。

法定相続人への対策

他の法定相続人への遺産相続に関する対策として最も良い方法は、オーナーが生前から新オーナー以外の法定相続人の遺留分を金銭や他の財産などで確保しておくことである。これ以外の解決法はかなり困難と言わざるを得ない。

確かに、新オーナー以外の法定相続人から遺留分の放棄をしてもらう、「経営承継円滑化法」に基づいて自社株式を遺留分財産から外すなどの手段もある。しかし、これらには、家庭裁判所の許可が必要となり、何より、新オーナー以外の法定相続人が納得するかどうかが不確定である。納得するにしても、ほとんどの場合で遺留分に相当する相続財産が必要になる。

■ どんなことが問題になるのか

事業承継という側面から見ますと、典型例ばかりでなく、「ヒト（次世代の新オーナー）」「モノ（株式）」「カネ（相続税）」のそれぞれで問題が起こり得ます。

① ヒトについて

誰を次世代の新オーナーにするか、という問題があります。

先の典型例はいずれの場合も、新オーナーが旧オーナーの親族（子ども）で、相続によって事業承継することによって起こる問題でした。しかし、たとえば、新オーナーを子ども以外の他人にまかせ、株式の売買によって事業承継を行えば、典型例のような問題は起こりません。新オーナーが株式を受け取る対価として旧オーナー側には現金が入るからです。現金は分けることができますから、相続の際の財産の分割問題は起こりません。相続税の納付に必要なお金の工面に悩む必要もありません。

② モノについて

新オーナーにいかに円滑に株式を譲り渡すか、ということが大きな問題になります。譲り渡す方法には「相続」の他、生前贈与、売買などさまざまな方法がありますが、法的手続きも権利義務関係も違います。ですから、それぞれの利点・欠点を比較し、最もスムーズに譲渡できる方法を選択する必要があります。

なお、オーナーから子どもへの事業承継を税制の面から促進する「事業承継税制」の利用も検討すべきでしょう（230ページ）。

③ カネについて

前項の2つの典型例が、そのまま一番の問題となります。相続税対策と他の法定相続人への遺産相続です。

相続税対策には、自社内で手を打つことで軽減する方法と、法律で負担軽減制度を活用する方法の2通りあります。

自社内で手を打つ軽減対策には、ⓐ相続した株式を自社に売却する方法、ⓑオーナーの死亡退職金を自社から支給させる方法、ⓒ会社が金融機関からお金を借り、そのお金をさらにオー

事業承継で問題となること

事業継承

┌─ **ヒトの問題** ─ ・新オーナーは子どもか
│   ・第三者を新オーナーとするのか
│
├─ **モノの問題** ─ ・円滑に事業承継できる対策を立てているか
│   ・事業承継税制は把握しているか
│
└─ **カネの問題** ─ ・相続税額について対策は立てているか
                   ・他の相続人への遺産相続でトラブルは生じ
                    ないか

ナーの一族に貸し付ける方法、ⓓ会社の資産を売却する方法などが考えられます。しかし、いずれも会社のお金をオーナー一族の相続税の工面に使うという点で、会社にとっても従業員やその他の利害関係者にとっても決して推奨できる対策とはいえません。

また、一定の処理や手続きを必要としますが、相続する自社株の評価額を下げることによって相続税を抑えるという方法もあります。評価額を下げる方法には、株価を下げる方法と、株式数を減らす方法の2通りあります。相続する株式の評価額は「1株の株価×相続する株式の数」で算出するからです。株価を下げる方法としては、ⓔ配当金の減額、ⓕ不良資産の処分による含み損失の計上、ⓖ会社分割・合併などによる組織再編などが考えられます。また、株式数を減らす方法としては、ⓗ新オーナー以外への株式譲渡・売却、ⓘ従業員持ち株会など、会社関係者への売却、ⓙ自社への売却、ⓚ関連会社や得意先への売却などがあります。

一方、法律で決められた負担軽減制度を活用する方法においては、相続時精算課税制度、贈与税の納税猶予制度などの利用が考えられます。これらは、適用を受けるためにさまざまな要件を満たす必要がありますが、積極的に活用すべきです。

［相続時精算課税制度］
贈与税の課税方法は、暦年課税と相続時精算課税の2種類あり、親子の間で贈与を受ける場合は有利な方を選択できるようになっている。60歳以上の親から財産の贈与を受けた、推定相続人である20歳以上の子が選択できる制度が相続時精算課税制度である。

生前贈与の活用

生前贈与には相続税対策としての効果がある

■ 生前贈与には相続税の節税効果がある

中小企業経営者が会社の自社株の大半を所有している場合、事業承継の際には、後継者に対する自社株の贈与や相続が発生し、贈与税や相続税の対象となります。

贈与税は、個人から財産を譲り受けた人が負担する税金で、通常は1月1日から12月31日までの1年間に贈与を受けた財産の合計額から、基礎控除の110万円を差し引いた残りを課税価格として課税する国税です。贈与税は、原則として暦年単位で課税されます。この課税方法を暦年課税制度といいます。

生前贈与とは、自分の生きているうち（生前）に、配偶者や子どもなどに財産を贈与することです。

生前贈与には相続税対策としての効果があります。相続税の節税のポイントは、贈与税の負担をいかに最小限に抑え、財産を移転するかです。その基本となるのは、年間1人あたり110万円の贈与税の基礎控除の積極活用です。仮に、配偶者と子ども2人の3人に対して、110万円ずつ10年間にわたって贈与したとすれば、無税で3,300万円までの贈与が可能になります。

ただし、このような連続した贈与（「連年贈与」といいます）は「定額贈与」とみなされる可能性がありますので注意が必要です。つまり、毎年110万円ずつ親族のひとりに贈与した場合、税務当局は「向こう10年間にわたり合計1,100万円を贈与するという権利を最初の年に贈与した」とみなし、その評価額を課税対象とし、高額の贈与税を課税する場合があります。

税務当局から定額贈与と疑われないためには、贈与人及び譲

贈与と相手方との合意

贈与として扱われるためには相手方との間で「贈与します」「受け取ります」という合意が必要となる。一方的に「贈与します」と伝えただけで贈与が成立するわけではない。

暦年贈与課税制度

$$贈与税 = \left(\begin{array}{c} 1月1日から12月31日 \\ までの1年間に贈与を受 \\ けた財産の合計額 \end{array} - \begin{array}{c} 基礎控除額 \\ (110万円) \end{array} \right) \times 贈与税率$$

生前贈与の加算

相続開始前3年以内に贈与を受けた財産を、贈与を受けた人の相続税の課税価格に加算すること

受人において、定期に支払いを行うものではないことを双方で認識を明確にした上で、贈与するごとに贈与契約を結ぶなどの対応をしていく必要があります。

また、住宅取得等資金、教育資金、結婚・子育て資金の贈与税非課税枠も、後継者の状況により活用することは有効です。

■ 生前贈与加算に注意

相続により財産をもらった人が、被相続人からその相続開始前3年以内に贈与を受けた財産がある場合には、贈与を受けた財産の贈与時の価額を受贈者の相続税の課税価格に加算しなければなりません（生前贈与の加算）。その際、その加算された財産に課されていた贈与税の額は、加算された人の相続税の計算上控除されることになりますので、二重課税にはなりません。

この制度は、相続が近くなってから生前贈与を行い、過度な節税を防止するためのものです。節税のために生前贈与を行う場合には、早い時期から計画的に進めることが重要です。また、孫への生前贈与など条件によっては加算の対象にならない相手もいますので、そういった点も考慮する必要があります。

贈与による事業承継を行う場合の注意点

自社株を生前贈与するタイミングが重要である

■ 生前贈与により相続財産を減少させる

事業承継にあたって自社株を移動する場合、最もポピュラーな手法は贈与による移動です。いつ起こるかわからない相続と違って、旧オーナーが自分の意志で、タイミングを見計らって承継を行うことができます。また、相続財産を減少させておくことで相続税を抑える効果があります。

ただし、贈与税には年度ごとに110万円の非課税枠があるため、この範囲内で行おうとすると自社株の移動に時間を要する点には注意が必要です。

もちろん、贈与税を払ってでも贈与するメリットがある場合は基礎控除を超えて贈与してもかまいません。事業承継という面で考えると、仮に相続税の方が安いとしても、相続後にトラブルが生じることの方が心配です。このようなときは、贈与税が少しばかり高くついても、生前に問題を解決してしまう方がよいこともあるでしょう。

■ 株式の評価額上昇による相続税の増加を抑えられる

自社株式の評価額が上昇する要因として、利益の増加、配当の増加、類似業種の上場株式の株価上昇、会社所有の不動産・有価証券の価格上昇等があります。将来に向けて会社がますます成長を続け、さらに上場株や土地の価格も上昇に転じれば、自社株式の評価額も何倍・何十倍と跳ね上がり、将来の相続時には多額の相続税が課されることが予想されます。そうなる前の早い時期に自社株を贈与しておくことで、相続税を抑える効

贈与税の基礎控除

贈与税は、1人の人が1月1日から12月31日までの1年間に受け取った財産の合計額から基礎控除額（110万円）を差し引いた残額に対してかかる。

事業承継にあたって生前贈与をする場合のメリット・注意点

生前贈与のメリット

・相続財産を減少させることができる
・株式の評価額の上昇に伴う相続税の増加を抑える
　ことができる

生前贈与の注意点

自社株の生前贈与の場合は、贈与する相手を限定し、
自社株の分散を避けること

※暦年課税で課税する場合を想定

果が期待できます。

　この点、現金等のように将来においても価値の増加しない財産よりも、将来価値の増加するものの贈与を先に行った方が相続税の節税メリットは格段に大きくなるといえるのです。

■ 自社株贈与ではどんな点に注意が必要か

　贈与税対策の基本は、贈与する相手を多くし、少額を贈与することが原則ですが、株式をどんどん分散していくと会社の経営に関係しない人も株主になり、何かと問題が生じやすくなりますので、自社株の贈与にはこの原則があてはまりません。

■ 手続をしっかりしないと贈与が否認されることもある

　自社株の贈与手続を確実にしておかないと、贈与として認められない可能性もあります。対策として、①贈与契約書を2通作成し、贈与した者と贈与を受けた者がそれぞれ1通ずつ保管すること、②譲渡制限のある会社の場合には、贈与についても株式の譲渡承認が必要ですので、贈与する人が会社に対して譲渡承認申請をすることの2点を忘れないでください。

**譲渡制限のある
会社**

株式の譲渡についてその株式会社あるいは、その株式会社の機関の承認を要するとされている会社のこと。株式譲渡制限会社ともいう。

相続税の納税猶予特例

オーナー企業の事業承継を円滑に行うための制度

■ 事業承継税制とは

　急速な高齢化が進む中、中小企業が代替わりによって経営困難に陥るケースが起こるようになりました。そのため、健全な中小企業を保護し経済を活性化する目的で、事業承継をスムーズにするための「事業承継税制」が創設されました。具体的には、相続税と贈与税の納税猶予特例があります。

■ 相続税の納税猶予特例とは

　非上場会社の後継者（新オーナー）が相続等によってその会社の株式等を取得した場合、一定の要件を満たすと、取得した株式等に対する相続税のうち、一般措置では80％、特例措置では100％の納税が猶予されます。

　支払いを猶予される株式数は、後継者である相続人がすでに保有している株式を含めて、一般措置では総議決権数の３分の２まで、特例措置では全株式です。

■ どんな要件が必要なのか

　相続税の納税猶予特例を利用には、主に以下のような要件があります。相続開始の日から８か月以内に都道府県知事に申請を行い、要件を満たしていることについて認定を受ける必要があります。後継者にとっては、平成30年税制改正による特例措置を利用する方が通常はメリットが大きいため、以降では特例措置を中心に説明します。

① 会社の要件

小規模宅地等の特例との関係

会社の後継者とそれ以外の法定相続人との財産分割で争いが起こらないようにするため、相続税の納税猶予の特例を受けても、「小規模宅地等の特例」を受けることができる。小規模宅地等の特例とは、相続時に取得した住宅用または事業用の一定の宅地等に対して、その評価額を減額する（50%〜80%）ことができる相続税法の制度である。

5年間納付猶予を受けるための主な要件

❶ 後継者である新オーナーが代表者であり続けること

❷ 常時雇用者の8割以上の雇用を維持すること（特例措置の場合には、一定の要件を満たせば8割未満の場合でも猶予の継続が可能）

❸ 新オーナーと同族関係者とで総議決権の50％を超える決議権を持ち続けていること

❹ 新オーナーが同族内で筆頭株主であり続けること。新オーナーが複数(2人または3人)の場合には、さらに総議決権数の10％以上を有していること（一般措置では10％基準の適用はなし）

❺ 会社の収入金額がゼロでないこと

❻ 従業員が1人以上いること

❼ 会社が資産保有型や資産運用型会社に該当しないこと（例外あり）

・非上場会社であり、資産管理会社や風俗営業会社にあたらないこと

② **相続人（新オーナー）の要件**

・相続開始の直前において、会社の役員であること

・相続開始の日から5か月後に会社の代表権を有すること

・相続開始の時において新オーナーとその同族関係者とで総議決権数の50％超を有すること

・新オーナーが1人の場合には、新オーナーとその同族関係者の中で筆頭株主であること。新オーナーが2人または3人の場合には、総議決権数の10％以上を有し、新オーナーとその同族関係者の中で最も多くの議決権数を有すること（一般措置では、1人の後継者しか認められていません）

③ **被相続人（旧オーナー）の要件**

・会社の代表権を有していたこと

令和3年度税制改正大綱

令和3年度税制改正大綱では、新オーナーが相続開始の直前において会社の役員でなくても、被相続人が70歳未満で死亡した場合や、新オーナーが一定の承継計画に後継者として記載されている場合には、相続税の納税猶予特例を適用可能とすることが検討されている。

・相続開始の直前において旧オーナーとその同族関係者とで総議決権数の50％超を有し、その中で旧オーナーが筆頭株主であったこと

④ **特例承継計画の策定（特例措置のみ）**

特例措置を受ける場合には、会社の後継者や承継時までの経営見通し等を記載した「特例承継計画」を策定し、認定経営革新等支援機関（税理士、商工会、商工会議所等）の所見を記載した上で、平成30年4月1日から令和5年3月31日までに都道府県知事に提出する必要があります。

また、その他の手続として、相続税の申告期限（相続開始の日の翌日から10か月以内）までに、納税猶予の特例を受けることを記した納税申告書などの必要書類を、所轄の税務署に提出する必要があります。さらに、猶予を受けるための担保も提出しなければなりません。

担保は、猶予される納税額とその利子税に相当する金額分となります。ただし、特例の適用を受ける非上場株式のすべてを担保として提供すれば、別の担保は必要ありません。

■ 猶予を受けた後に注意すべき点

相続税の納税猶予の特例を受けたとしても、あくまで納税の「猶予」であるため、猶予を継続するには一定の要件を満たす必要があり、相続税の申告期限の翌日から5年間とそれ以降とで違います。

まず、相続税の申告期限の翌日から5年間は、「経営承継期間」と呼ばれる期間になります。この5年間における猶予のための要件としては前ページ図のようなものがあります。新オーナーは、これらの要件を満たしていることを証明するために、1年ごとに税務署に「継続届出書」、都道府県知事に「年次報告書」をそれぞれ提出しなければなりません。

5年間の「経営承継期間」以降は、「株式保有期間」と呼ば

雇用者維持の条件の緩和

平成30年度税制改正により、平成30年1月以降の相続より、雇用者維持の条件が5年間平均8割を下回ったとしても、その条件を満たせなかった理由を記載し、認定支援機関が確認等を行った書類を都道府県に提出することで、納税猶予が継続されるようになった。

平成30年税制改正による特例措置

	通常の事業承継税制	特例事業承継税制
対象株式数	発行済み株式数の 3分の2まで	全株式
納税猶予割合	80%	100%
後継者の人数	1人のみ	3人まで
雇用確保要件	承継後5年間 平均8割の 雇用維持が必要	雇用維持8割が未達でも 猶予は継続 (理由報告が必要。指導助言 を受ける場合もある)
事前の計画策定	不要	特例承継計画の提出が必要 平成30年4月1日から 令和5年3月31日まで
適用期限	なし	平成30年1月1日から 令和9年12月31日まで

れます。納税猶予のために必要な要件は、最初の5年間よりも緩くなりますが、株式の保有継続などの要件は満たす必要があります。また、所轄の税務署へ3年ごとに「継続届出書」を提出しなければなりません。

　納税猶予のための要件を満たせなくなったり、税務署や都道府県知事に必要書類の提出を怠った場合には、猶予が打ち切られ、猶予されていた相続税の全部または一部と、申告期限の翌日から納税猶予を受けた日までの利子(税)が徴収されることになります。

　一方、新しいオーナーが死亡した場合、経営承継期間経過後に会社の破産手続開始などの決定があった場合、また特例措置として経営承継期間経過後に事業の継続が困難な一定の事由が生じて、会社について株式の譲渡や解散が生じた場合などには、相続税納付の「免除申請書」か「免除届出書」を税務署に提出することによって、納税が全部または一部、免除されます。

納税が全部または一部免除される場合

納税が全部または一部、免除されるのは以下のケースである。
① 新オーナーが死亡した場合
② 経営承継期間経過後に会社の破産手続開始などの決定があった場合
③ 経営承継期間経過後に新オーナーが贈与の納税猶予の特例を受ける「次のオーナー」に株式を贈与した場合
④ 経営承継期間経過後に新オーナーが納税猶予の適用を受けた株式の全部を一定の人に一括譲渡し、譲渡価格または時価のいずれか高い価格が納税猶予額を下回る場合

贈与税の納税猶予特例

猶予を受けた後の注意点をおさえておく

■ 贈与税の納税猶予特例とは

オーナー企業のオーナーが長男に会社を継がせるために自分の保有する株式を長男に贈与するということはよくあることです。この場合、贈与には贈与税がかかりますので、長男は、譲り受けた株式の価値に応じた贈与税を、金銭や株式そのものの一部により納めなければなりません。しかし、株式で相続税を支払うということになりますと、長男に会社を継がせるという、贈与の本来の目的が実現できなくなってしまいます。

そこで、このようなことが起こらないように、贈与税の納税猶予の特例が設けられています。会社の後継者が、経営者から非上場株式を一括して受贈した場合、後継者がその事業を継続するといった一定の条件を満たせば、その非上場株式に課せられる贈与税の全額の納税が猶予される制度です。

贈与税の納税猶予特例を受ける要件は次ページの図のとおりです。

この特例の適用を受けるためには、贈与を実行した年の翌年の1月15日までに都道府県知事に申請書を提出し、認定を受ける必要があります。また、期限までに贈与税の申告を行い、併せて納税猶予額及び利子税に見合う担保を提供します。なお、贈与を受けた株式を担保とすることもできます。

贈与前3年以内に会社が後継者から現物出資または贈与により取得した資産合計が総資産の70％以上の場合には、特例の適用はできません。

全部または一部の免除

主に次のような事態が起こった場合、納税が全部または一部免除される。

・贈与者が死亡した場合（納税猶予の対象となった株式は相続税の課税対象に変わる）
・贈与者の死亡前に受贈者が死亡した場合
・経営承継期間経過後に会社の破産手続開始などの決定があった場合
・経営承継期間経過後に受贈者が納税猶予の適用を受けた株式の全部を一定の人に一括譲渡し、譲渡価格または時価のいずれか高い価格が納税猶予額を下回る場合

贈与税の納税猶予特例を受けるための主な要件

---

① 会社の要件
・非上場会社であり、資産管理会社および風俗営業会社に
　あたらないこと　　　　　　　　　　　　　　　　　　など

② 後継者である受贈者の要件
・20歳以上であり、会社の代表権を有していること
・会社の役員等に就任して3年以上経過していること　　など

③ 先代経営者である贈与者の要件
・贈与時には会社の代表権を有していないこと　　　　　など

■ 猶予を受けた後に注意すべき点

　贈与税の納税猶予の特例を受けたら、その後5年間は、「経営継承期間」と呼ばれる期間になります。この5年間は、納税を猶予されるための数々の要件を満たさなければなりません。

　主な要件としては以下のようなものがあります。

・受贈者が納税猶予の株式を保有し続けること

・受贈者が受け継いだ会社の代表者であり続けること

・従業員が1人以上いること

・受贈者と同族関係者で会社の議決権の50％超を持つこと

　つまり、受贈者がオーナーの立場を継ぎ、しっかりと会社を経営し続けなければならないということです。

　受贈者は、これらを証明するために、1年ごとに税務署に「継続届出書」、都道府県知事に「年次報告書」を提出しなければなりません。さらに、この5年間を経過した後も、納税猶予のために一定の要件を満たし続ける必要があります。税務署へは3年ごとに「継続届出書」を提出しなければなりません。

猶予の打ち切り
納税猶予のための要件を満たせなくなったり、税務署や都道府県知事に必要書類の提出を怠った場合には、猶予が打ち切られ、猶予されていた贈与税の全部または一部と、申告期限の翌日から納税猶予を受けた日までの利子（税）が徴収されることになる。

納税資金が不足する場合の対策

■ 発行会社に譲渡して納税資金を調達する

　オーナー会社で相続が発生したときに、持ち株を発行会社に売却することで資金調達を行うケースが少なくありません。被相続人が所有していた財産の大半が自社の持ち株というケースでは、換金性の低い非上場株式の譲渡先を発行会社とすることで、納税資金を調達することが会社の支配権維持の観点からも都合がよいからです。

　通常、個人が非上場株式をその発行会社に売却した場合「みなし配当課税」が生じ、所得税及び住民税合わせて最高55％もの高率で課税されます。しかし、それが相続により取得した非上場株式である場合には、相続税の申告期限から３年以内であれば、譲渡益全体について譲渡益課税20％（所得税15％・住民税５％）が適用されます。いわゆる金庫株（非上場株式のみなし配当課税の特例）の活用です。

　さらに相続により取得した自社株式を金庫株として取得してもらう場合に「相続財産を譲渡した場合の取得費加算の特例」を使うことができます。この特例は、相続税の申告期限から３年以内に株式を他者に譲渡した場合、相続税額のうちの一定の金額を譲渡した自社株式の取得費に加算できる制度です。取得費が増えるわけですから、その分、納税額が減ることになり、有利に納税資金の確保ができます。

　この特例を受けるための手続きとして、譲渡所得の確定申告書に、相続税の申告書の写しや計算明細書など一定の書類を添付して提出する必要があります。

金庫株

株式の発行会社が外部の株主から買い戻して保管している自社株式。

非上場株式のみなし配当課税の特例を受けるための要件

この特例を受けるためには以下の３つの要件を満たす必要がある。
① 相続や遺贈により株式を取得していること
② その株式を取得した人に相続税が課税されること
③ その株式を相続が開始した翌日から相続税の申告期限の翌日以後３年を経過する日までに譲渡していること
なお、③の相続が開始した日とは被相続人が死亡した日のことで、相続税の申告期限はその翌日から10か月以内のことである。

非上場株式のみなし配当課税の特例

相続または遺贈により取得した非上場株式を譲渡した場合、一定の要件を満たせば、みなし配当課税とせず、譲渡所得課税とされる

適用要件

相続等により取得した非上場株式を、同日以後3年10か月以内に、その発行会社に譲渡すること

※相続税額の取得費加算特例も適用できる

■ 自社株式は物納できる

相続税については、延納によっても金銭での納付が困難と認められる場合には物納が認められています。譲渡制限株式でない限りは、非上場株式も物納できます。

前述のように、相続により取得した自社株を発行会社に売却した場合は譲渡益課税の対象として20%が課税されます、一方、物納による資産譲渡は非課税として扱われます。よって、売却より物納の方が、税負担という観点からは有利です。

また、物納した株式を、後に会社が買い戻すことも可能です。物納された資産は国が競争入札により売却することになるため、株式が第三者の手に渡ってしまう可能性があります。それを防ぐためにも会社自身が買受資金を用意して買い戻すことが必要です。会社が買い取る際の価額は買取時の評価額になるので、物納後に株式の評価額を下げる対策をしておくことで、物納時より低い価額で株式を買い戻せるケースもあります。物納できる財産には優先順位が付けられています。非上場株式は第2順位にあたり、不動産や国債証券といった第1順位にあたる資産に適当なものがない場合に限って、物納に充てることができます。

取得費の限度額

取得費の額は、まずその人が相続により取得した全財産（債務がある場合は差し引く）の内、相続した株式の評価額の占める割合を算出し、相続税額をこの割合で按分して計算する。ただし、この特例を適用しなかった場合の譲渡所得の金額を限度とする。

譲渡制限株式

株主が株式を誰かに譲渡するときに、株式の発行会社から承認を受けないと譲渡できない株式。

相続によらない事業承継

■ 株式を売買するのも事業承継の効果的な方法である

　事業承継対策として株式を贈与すると、贈与した人の財産から株式がなくなります。しかし、株式を売却した場合には売買の対価として他の財産が増えますので、財産の合計額はまったく同じです。「それなら株式の売買効果はないのではないか」と思う人もいるでしょうが、売却時は財産価額が同じでも、自社株評価が今後上昇すると予測されるのであれば、早く売却しておいた方が有利です。

　したがって、会社の中長期的な計画との関わりあいで、株価もある程度の予測も可能ですので、株価の低い時期に売買すれば効果があるといえます。贈与ほど直接的ではありませんが、立派な事業承継対策になります。しかし、贈与では贈与を受ける人に資力は不要ですが、売買では買う人に資金が必要です。

■ 親子間売買はどんな点に注意が必要か

　一般的に、親子間で自社株を売買するのは、相続税対策のため親が持っている自社株を子どもに売買するというケースです。

　親子間で売買するのであれば他人に売るわけではないので、なるべく安い値段で売りたいと思うのが人情です。なぜなら売った親の譲渡所得に対する所得税が安くなり、子どもの方でも買取資金が少なくてすむからです。

　売る側の譲渡所得に対する所得税の計算ではそれで問題ないのですが、時価以下で売買した場合、買う子どもの方には経済的利益が生じますので、その利益に対して贈与税が課税されます。

親子間売買の メリット・デメリット

親子間での自社株の売買は、親が生前に自分の意思で子どもに株を渡すことができるという点で確実な事業承継対策となるが、子どもは買取資金が必要になる。また、親の財産から自社株はなくなるが、代わりに子どもからの買取資金が手元に入ってくるので、相続財産の合計が減少するわけではない。その上、売った親には所得税や住民税がかかるというデメリットもある。ただし、親が自社株の売却資金を利用して新たな相続税対策をしたり、自分の生活資金として使ってしまうとすれば、結果として相続財産は減少することになり、メリットが生じるといえる。

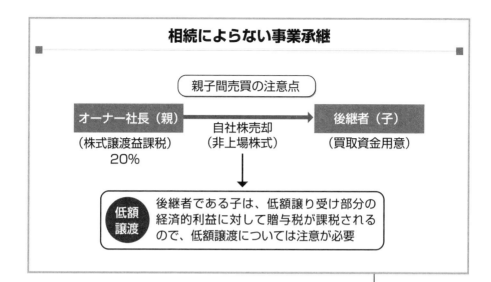

相続によらない事業承継

親子間売買の注意点

オーナー社長（親）　　　　　　　　　　後継者（子）

（株式譲渡益課税）　　自社株売却　　（買取資金用意）
20%　　　　　　　（非上場株式）

低額譲渡：後継者である子は、低額譲り受け部分の経済的利益に対して贈与税が課税されるので、低額譲渡については注意が必要

■ 自社株の生前贈与は節税対策になるのか

　これは、「事業承継税制における納税猶予制度」を活用できるということです。非上場のオーナー企業が、たとえば自分の子どもなど次世代の新オーナーに、円滑に事業を承継できるようになります。

　非上場企業のオーナーが法定相続人のうちの一人に自社の株式を贈与する場合、一定の要件を満たせば発行済株式の3分の2または全株式に関して、贈与税の納付が猶予されます。

　ただ、これはあくまで、後継ぎを探すのが難しい中小企業の現状を考慮して、税制の面から支援することを目的とした制度です。したがって、制度の適用を受けるためにはいろいろな要件を満たす必要がありますし、制度の適用を受けた後でもいろいろな要件を満たし、税務署などに対して書類を提出するといった義務を果たさなければなりません。たとえば、納税猶予制度の適用を受けるためには、制度を受けることができる会社の要件、相続人の要件、被相続人の要件などをクリアする必要があります。

【監修者紹介】
武田　守（たけだ　まもる）
1974年生まれ。東京都出身。公認会計士・税理士。慶應義塾大学卒業後、中央青山監査法人、太陽有限責任監査法人、東証１部上場会社勤務等を経て、現在は武田公認会計士・税理士事務所代表。監査法人では金融商品取引法監査、会社法監査の他、株式上場準備会社向けのIPOコンサルティング業務、上場会社等では税金計算・申告実務に従事。会社の決算業務の流れを、監査などの会社外部の視点と、会社組織としての会社内部の視点という２つの側面から経験しているため、財務会計や税務に関する専門的なアドバイスだけでなく、これらを取り巻く決算体制の構築や経営管理のための実務に有用なサービスを提供している。
著作として『株式上場準備の実務』（中央経済社、共著）、『入門図解　会社の税金【法人税・消費税】しくみと手続き』『不動産税金【売買・賃貸・相続】の知識』『入門図解　消費税のしくみと申告書の書き方』『入門図解 会社の終わらせ方・譲り方【解散清算・事業承継・Ｍ＆Ａ】の法律と手続き実践マニュアル』『図解で早わかり　会計の基本と実務』『個人開業・青色申告の基本と手続き 実践マニュアル』（小社刊）がある。

図解で早わかり
最新　会社の税金

2021年２月28日　第１刷発行

監修者	武田守
発行者	前田俊秀
発行所	株式会社三修社
	〒150-0001　東京都渋谷区神宮前2-2-22
	TEL　03-3405-4511　FAX　03-3405-4522
	振替　00190-9-72758
	http://www.sanshusha.co.jp
	編集担当　北村英治
印刷所	萩原印刷株式会社
製本所	牧製本印刷株式会社

©2021 M. Takeda Printed in Japan
ISBN978-4-384-04862-9 C2032